别告诉我
你会带团队

不是所有人都可以成为年薪百万的管理者

马勇◎著

海天出版社（中国·深圳）

图书在版编目（CIP）数据

别告诉我你会带团队：不是所有人都可以成为年薪
百万的管理者 / 马勇著. — 深圳：海天出版社，
2018.4（2018.6重印）
ISBN 978-7-5507-2291-0

Ⅰ．①别… Ⅱ．①马… Ⅲ．①企业管理－组织管理学
Ⅳ．①F272.9

中国版本图书馆CIP数据核字(2018)第005710号

别告诉我你会带团队：不是所有人都可以成为年薪百万的管理者

BIE GAOSU WO NI HUI DAI TUANDUI：BUSHI SUOYOUREN DOU KEYI CHENGWEI NIANXIN BAIWAN DE GUANLIZHE

出 品 人　聂雄前
责任编辑　南　芳
责任校对　万妮霞
责任技编　梁立新
装帧设计　知行格致

出版发行　海天出版社
地　　址　深圳市彩田南路海天综合大厦（518033）
网　　址　www.htph.com.cn
订购电话　0755-83460397（批发）　83460239（邮购）
设计制作　深圳市知行格致文化传播有限公司　Tel：0755-83464427
印　　刷　深圳市希望印务有限公司
开　　本　787mm×1092mm　1/16
印　　张　15
字　　数　189千
版　　次　2018年4月第1版
印　　次　2018年6月第2次
印　　数　4001—7000册
定　　价　48.00元

带团队是一门学问

刘昕

中国人民大学公共管理学院组织与

人力资源研究所教授、博导

　　拿到马勇的《别告诉我你会带团队》的书稿，我尽快认真通读了一遍。之所以对这部书稿如此感兴趣，一方面因为我一直对团队建设和团队管理的主题非常关注，另一方面也因为马勇是我博士毕业后刚到中国人民大学劳动人事学院任教时带过的一位学生，在他毕业后我们依然保持着联系，我对他的工作情况和想法比较了解。

　　作为在国内较早从事人力资源管理教学、科研和咨询的学者之一，我早期的工作主要是跟企业的人力资源管理部门打交道，研究的多为人力资源管理领域的专业问题，授课对象也多为企业的人力资源管理从业者以及未来的人力资源管理工作者。在多年讲授人力资源管理课程以及做了 20 多年的人力资源管理咨询项目之后，我越来越清楚地看到，一家企业的人力资源管理水平高低绝非仅仅取决于人力资源管理部门的专业水平高低。相反，企业高层管理人员的人力资源管理理念以及中层管理人员的人力资源管理能力同样是决定一家企业的人力资源管理水平的两大至关重要的决定因素。换言之，专注于人力资源管理职能内部的所谓三支柱模型（人力资源共享服务中心、人力资源业务伙伴、专家中心），远不如包括高层管理人员、非人力资源经理、人力资源经理在内的新三支柱模型更有价值。事实上，一家企业的人力资源管理主要包括两个大的方面：一是各项人力资源管理制度的建设，二是各级经理人的团队管理能力和领导力的培养。两者缺一不可。正因为如此，在最近十几年中，我更多地是针对企业中高层管理人员讲授人力资源管理和团队建设方面的课程，而并非以人力资源管理技术和职能为授课内容。

马勇在2001年从中国人民大学劳动人事学院毕业之后，首先去的是中国第一家中外合资的电信运营商——深大电话有限公司，后因工作出色被调动到上级单位——广东省电信公司的人力资源部任职，在这段时间里他一直从事专业的人力资源管理工作。2007年他担任39健康网副总裁，后来还担任过一家从事互联网人力资源管理业务的新三板上市公司——一览网络的副总经理。可以说，马勇完成了从科班学习到人力资源管理专业的职场历练再到成功变身企业高管的发展历程，对人力资源管理的制度建设以及团队管理有着不同角度的深刻体验。

马勇的这本新书从"选人才、建规则、管目标、练才能、聚人心"五大方面，用大量的亲身经历和真实案例，讲授了建设和管理好一支高绩效团队的核心要点。书中的很多观点不仅是我非常认同的，而且也是我在给很多中高层管理人员授课时经常提及的。

第一，团队建设和团队管理必须是从选人开始。任何一位管理者都没有能力去改变所有的人，对于已经走上了职场的成年人来说，知识经验是可以积累和不断增长的，但人格特点和价值观却往往是无法改变的。因此，选择正确的人是建设和管理好一支团队的起点，如果选错了人，那么此后所做的一切往往都是费力不讨好。正如马勇在本书中谈到的，责任心几乎是做好任何一种工作所必需的人格特点，不讲诚信者则往往会对组织造成极大的隐患。此外，一旦发现员工的人格特点、价值观以及能力等与组织或岗位的要求不匹配，又无法在组织内部为其找到其他的合适位置，最好的做法就是"请走人"，做到所谓的"心善刀快"，即在辞退的过程中给予当事人足够的尊重，但辞退本身一定要快刀斩乱麻，不能拖拖拉拉。

第二，团队必须有规则。对于任何一个团队来说，规则都是至关重要的，它是团队正常运转以及长期健康发展的重要保证。这种规则一方面表现为组织制定的各种正规制度和流程。正式的制度和流程等是确保团队日常工作高效运行的重要基础，它可以在一定程度上避免出现工作混乱和责任不清的情况，减少团队内部的不必要交易成本。比如，这本书中提到的不同类型岗位的前后任工作交接制度以及如何开好周例会和经营分析会等方面的流程和制度规定。规则的另一方面表现为基于核心价值观确定的行为规范以及非明文的行为指南。价值观一致是任何一个高绩效团队都具备的最重要特点之一。团队成员的行为是否能够充分体现团队的价值观应当受到高度重视。团队需要基于共享的价值观制定一些清晰的行为规范，为员工提供重要的行为指导，不仅如此，价值观还会在没有明文规定的情境下成为员工采取行动的重要指南。

第三，团队必须做好目标管理工作。团队是以实现某些共同目标为目的而组建起来的，因此，一个团队必须能够产生公认的共同目标以及通过有效的执行达成这些目标。从团队建设的角度来说，围绕组织目标界定和实现团队绩效目标是第一位的，因此，这就要求每一位团队领导者能够在理解组织战略目标和团队应当随之达成的目标前提下，将组织目标和团队目标转化为员工个人的绩效目标，从而将组织战略最终转化为员工的行为，确保组织各项战略目标的落地。此外，在确保团队绩效目标达成的同时，团队领导者还需要关注员工个人的职业发展，与他们共同制定切实可行的职业发展目标，并且为他们提供各种职业开发的机会，帮助员工与组织共同成长。事实上，中国大多数企业的绩效管理工作之所以流于形式或效果不佳，很大一部分原因在于各级管理人员对组织绩效目标和员工职业发展目标的理解存在偏差。

第四，团队成员必须具有充分多样化且互补的技能。一个团队仅仅具有共享的价值观和共同的目标还不够，如果团队成员的技能过于单一或同质，或者技能水平不尽如人意，也很难成为高绩效团队。团队的整体技能一方面可以通过团队成员的挑选来进行搭配和组合，另一方面还需要通过进入团队之后的培养和开发来提升。本书在这部分内容中提到了几种提高团队成员技能的非常重要的做法，其中包括对团队成员的工作提出严格要求，向团队成员传授必要的工作习惯和工作方法，为团队成员提供岗位轮换和各种培训机会，建立双导师制以及要求团队成员来担任培训讲师，等等。这些做法都非常有利于提升团队成员的工作能力，不仅有利于确保达成高水平的团队绩效，而且能够为团队成员个人的成长和职业发展提供积极的帮助。

第五，团队管理要以人性为本。团队是一个由活生生的人组成的群体，如果不能了解人性的本质，不能有效激发人性的光辉，同时遏制人性中潜在的消极甚至丑陋的方面，则团队很容易土崩瓦解。在这方面，团队的相关制度设计必须基于正确的人性考虑，通过薪酬、晋升等各种利益来引导团队成员为团队整体绩效做出贡献。另一方面，还需要通过广泛深入的沟通和交流以及良好的团队文化建设，营造一种团结向上、相互关心的氛围。在本书中，马勇总结了如何通过正确的表扬和批评、举行庆祝活动、组织运动和旅游以及享用美食等各种方式活跃团队气氛、激发团队活力的方法，很有借鉴意义。

　　除了上述内容，马勇在本书中谈到的其他一些观点我也非常认同。比如，人力资源管理的相关决策应当尽可能建立在数据的基础上，从而增强人力资源管理决策的有效性，同时降低人力资源管理决策的风险。事实上，近十年来，以谷歌为代表的一批优秀企业已经将这种循证人力资源管理的新思维转化到企业的人力资源管理实践之中，并且为企业带来了大量的成本节约，同时大大提高了企业的各项人力资本投入带来的各种货币和非货币产出。再比如，一些确实无法胜任的管理人员应当尽快从管理岗位上下来，因为这些人不仅浪费了企业的资源，而且耽误了企业的工作，实际上给企业造成了多方面的损失。

　　对于一位人力资源管理领域的实践者来说，要把自己多年的管理经验和感悟整理成文字并非易事，只有那些具备一定的理论修养和大量实践积累，同时还有一种与人分享的强烈愿望和不断挑战自我勇气的人，才能够完成这样的工作。感谢马勇为我们贡献了这样一本具有极高实践价值的实用管理书籍，同时我也向大家隆重推荐此书。

坏领导 or 好领导

曾经，一位离职已久的同事在QQ上给我留言："马总，过去我在你的手下工作，别的部门同事都说，你不是一个好领导，因为你对我们太严格、要求太多，但我不这么认为，因为我觉得这是对我的一种锻炼。"看到这儿，我会心一笑，回了一个笑脸给她。

不一会儿，她又发过来一段话："现在看来，当年说那些话的人，这几年既没有什么变化，也没有任何成长。"从她的言语中，我能够深深地感受到她发自内心的骄傲，那是一种比别人成长速度更快、工作更有成就感的骄傲。

回想她在我手下工作的时候，最初只是负责前台的工作。当年，行政部3位同事中2位休产假，偏偏又碰上4000平方米的办公室装修，行政部只剩下她还在岗。当我把装修项目交给她时，她异常诧异，这么大的项目，怎么会交给一个毫无经验的前台来负责？为了消除她心中的疑惑，我告诉她："有挑战才会有成长，每个人都是通过做超出自己'能力边界'的事情来提升自我，况且，我还给你配置了一个经验丰富的工程监理辅助你开展工作，这么好的一个锻炼机会，难道你不愿意尝试一下？"

就这样，被我"连蒙带骗"，她接下了办公室装修的项目。在 3 个多月的工程期间，她先后涉足了供应商选择、合同谈判、方案设计、软装布置、消防空调购置、办公家具安装等几乎装修中的每个环节，她的手机基本上每天都能被打爆，很少能在晚上 9 点前下班。让我欣喜的是，在规定时间内，她不仅高质量地做好了前台的本职工作，还圆满地完成了装修项目，得到公司上下的一致好评。后来，她因为生小孩离开公司，再工作时成为一家中型企业的行政部经理。类似的下属我带过不少，大多数开始时是一张白纸，但是训练 2—3 年后，他们基本上都能成为业务或管理骨干，后来他们大多都有了更好的工作机会，例如招商银行、恒大集团、1 号店、华侨城、富安娜、阿里巴巴、YY 等公司。

很有意思吧，在一些人心目中的坏领导，在另外一些人心中却是好领导，正如莎士比亚所言"一千个人眼里有一千个哈姆雷特"，不同的人即使对待同一领导者也有着截然不同的评价标准。那是不是意味着，我们无法找到一个标准来衡量什么是好的领导？我想，如果真的要找一种标准来衡量什么是好的领导，这标准只能是一个，那就是帮助团队人力资本增值的同时也帮助组织资本实现了增值。

因为工作的缘故，我接触了大量的管理者，令人沮丧的是，富有经验的管理者实在是太少。随着人力成本的不断攀升，人力成本已经成为企业不可忽视的成本，对于服务行业而言更是如此。因此，管理人才的匮乏与能力不足，导致企业只能招聘高价的成熟人才，无法有效培养年轻人才，无力发挥团队的生产力与效率，这对任何一个组织而言都是资源的巨大浪费。可以说，对于任何一个市场化运作的企业而言，如何能够培养出一批合格的管理者，已经成为企业迫在眉睫的工作任务。

诚然，市面上有关管理的书籍汗牛充栋，琳琅满目：要么是介绍华为、阿里巴巴、微软等世界 500 强大型企业的经验，一时半会用不上；要么是高校象牙塔中学者的管理理论，大部分都远离实践；此外，市场上还充斥了大量东拼西凑的编著类书籍，真正从带领团队一线管理实践出发的书籍少之又少。我想对于身处一线的管理者，最需要的不是管理理论，而是告诉他们怎样管理团队才最有效。为此，几年前我就开始构思，如何把自己在团队管理的经验系统地总结出来。基于体系化的考虑，我认为要成为一名优秀的团队管理者，应在"选人才、建规则、管目标、练才能、聚人心"这 5 个方面有所作为。因此，全书内容均按照此逻辑组织，且紧紧围绕本人 10 多年的管理实践，本着"少些套路、多讲干货"的原则，期望能够给奋战在管理一线或即将走上管理岗位的读者，提供最有价值的参考。

囿于本人能力有限，书中如有不当或疏漏之处，欢迎各位读者来信指正与批评，联系邮箱是 okmayong@126.com。

目　录

C O N T E N T S

第四章　　练才能——员工有挑战才会有成长 / 145

第五章　　聚人心——让团队持续充满激情活力 / 189

第一章

选人才——永远不要教会火鸡爬树

人才筛选与培养领域的国际权威专家莱尔·斯宾塞说："你当然可以去教一只火鸡爬树，但我宁愿直接雇一只松鼠来干这事儿。"

别告诉我你会带团队：
不是所有人都可以成为**年薪百万的管理者**

招聘甄选是人力资源管理的起点，没有员工，一切管理都无从谈起。要带好团队，首先要做的就是把团队成员遴选好。管理者必须要清醒地认识到：有的人值得培养，有的人不值得培养，有的人培养不出来。因此，人选得不对，团队不可能带好，更不可能带出成绩。各个企业往往都把招聘放在人力资源管理第一的位置，在企业中从事招聘工作往往是最容易凸显成绩的，在短期内最容易被量化。我知道的一家深圳知名的互联网公司，一个负责人才招聘岗位的员工，因为招聘成绩显著，在公司里平步青云，从普通的招聘人员成长为公司人力资源副总裁。

实际上，我发现大部分企业的招聘甄选效果极为有限，原因有很多，除了缺乏人才招聘甄选的技术与经验外，其中一个最为明显的原因是对人才没有要求。在面对业务发展对人才渴求的压力下，大多数负责招聘的 HR（人力资源部负责人）以及用人部门的领导，都会心照不宣地对人才招聘放水。对于 HR 而言，招聘指标压力大，只要是用人部门看中的人，基本上一路绿灯，为难他们不就是为难自己吗？而对于用人部门而言，业务压力这么大，没有人干活怎么行？只要有工作经验的人，即使能力稍微差一些、工资要求高一些，没有关系，先招进来顶着工作再说。在这种背景下，很多企业的员工频繁进出，流动性极高，企业不仅浪费了大量的人力成本，还丧失了业务发展的时间窗口，甚至降低了公司在市场上的雇主形象与品牌声誉，因为在大规模离职人员中没有几个会说原公司的好话。

下面就谈谈人才甄选的一些话题。

一、选到人才的 5 条标准

每个团队的管理者都应有自己的用人标准和淘汰标准，这些标准可以从公司的企业文化、价值观中提炼出来，也可以根据自己的带人经验总结出来，只要能符合自己企业的发展阶段与需求即可。两者要相互结合使用，用人标准是合格线，淘汰标准是底线。符合用人标准，但是属于淘汰标准的情形，不能录用；不属于淘汰标准中出现的情形，但不符合用人标准，管理者也不能强行录用。

从自己的观察与实践中，我发现具有"真心热爱工作，客户导向，正向乐观，会沟通、情商高，富有责任感"这些特点的候选人，不管工作经验丰富与否，往往都可以成为团队中的核心骨干，成为公司不可或缺的人才。因此，我在选择团队成员的时候，会重点考察前述的 5 条用人标准。一般而言，不要求候选人具备全部的 5 条标准，但是至少要具备 5 条当中的 3 条。如果不符合用人标准，即使专业能力再强，工作经验再丰富，我也会忍痛割爱不予录用；反之，即使初出茅庐的应届毕业生，符合这 5 条用人标准，我认为候选人具备了较大的发展潜力，愿意培养候选人，帮助候选人成长。

（一）真心热爱工作

在面试中我常常发现，不少的候选人应聘一份工作或者选择一个职业，相当地随意与盲目，要么是海投简历，要么是什么热门就选择什么，根本谈不上对应聘工作的理解与认识，大多数人只是抱着一份打工的心态来求职应聘。

记得有次我面试一个应聘 HR 的候选人，南方科技大学公共管理、法学双学位毕业，整体综合素质不错，刚好公司有法务岗位的招聘需求，我问他："你看你有法学的专业背景，如果有 HR 和法务两个工作机会，你会选择哪一个？"他想了想答复我："我希望做法务的工作。"于是，我下午安排法务负责人面试，结果没有想到，在面试官最后一个问题"你还有问题需要问我们吗？"时，他问了一个让人大跌眼镜的问题："如果我从事法务工作，转正以后有没有转岗的机会呀？"面试官一听就晕了，投简历是应聘 HR，后转为应聘法务，转正以后还希望能够转岗。这样的候选人恐怕把工作当作体验生活了，连自己想要做什么都不明白，更谈不上对工作的热爱。

因此，我在面试的时候常常会问候选人："你是发自内心地喜欢你所应聘的工作吗？"如果候选人的回答是肯定的，我会请候选人拿出具体的事例或者证据，来证明对应聘工作的热爱程度。当我发现候选人是发自内心地热爱时，我的眼睛会发光，因为找到了我想要的人。

发自内心热爱自己工作的候选人，往往对工作有着异乎寻常的热情，不管工作压力有多大，工作难度有多高，他们都不会觉得工作多苦多累，也不会有诸多怨言，他们会将工作当作乐趣、挑战以及成长的机会，而且常常沉浸其中、乐此不疲。这些人可以集中精力在工作上，把自己的兴趣与工作完美结合在一起，专业能力提升速度比抱着打工心态的人要快上数倍，即使没有什么工作经验，管理者也可以快速将一名新手培养成一名老手。

2008 年 11 月左右，我管理的人力资源团队准备增加一个编制，我希望物色一个应届毕业生，负责招聘的同事很快筛选出一份简历——

广州中医药大学药剂学本科毕业生小蔡。我看过简历后立刻安排同事先电话面试，在电话面试以及初步面试通过后，轮到我面试小蔡。考虑到她是应届毕业生，缺乏人力资源的实际工作经验，我没有问她太多专业的问题，当我问她是否喜欢做人力资源工作时，她给了异常坚定的肯定回答。

我马上接着又问："你能不能给我一些例子来证明你喜欢人力资源工作？"她不假思索地回答："您知道我是药学专业的应届毕业生，但我并不喜欢自己的专业，也不喜欢与自己专业有关的工作，无论是药剂师还是医药代表。因此，我在大学期间，一直在寻找能够终身从事的工作，令人庆幸的是，我在大三发现自己对人力资源工作非常感兴趣，也愿意将它作为自己未来的职业发展方向，考虑到自己没有人力资源专业基础知识，我在学校期间报考了人力资源管理师的职业资格考试，希望能够在正式进入工作岗位之前，对人力资源工作有一些基本的认识。我明年 6 月份正式毕业，如果因为专业背景原因没有找到人力资源管理工作，我也要找一份与人力资源管理有关的工作，我一定要朝着自己的梦想前进。"

我知道她就是我想要的团队成员，但是为了进一步检验她是提前准备好的面试言辞，还是发自内心热爱自己未来的工作，我又故意问她："我现在只能给你一个人力资源实习的机会，实习期有 6 个月，如果干得好，你就可以转为正式员工，干得不好，有可能会丧失找正式工作的机会，而且需要提醒的是实习期间不会支付一分钱的实习费用给你，你还愿意接受这样一份工作吗？"

"我很愿意，如果公司给我这样的机会，我坚信我能够做好并且转正，实习工资不是我主要考虑的问题。"小蔡爽快地回答道。

我还颇有些惊讶，因为不给实习费用实际上是我对她的一个考验，没有想到她那么爽快就答应了。就这样小蔡进入公司实习，其间，她和团队的正式员工一样上班、下班、加班，一转眼 6 个月就过去了，看到小蔡如此卖力地工作，我对没有支付实习费用都有点不好意思。后来，小蔡成为正式员工后，对交给她的任何人力资源工作都充满激情与活力，经过 3 年左右的锻炼，她完全可以独当一面。后来因为家庭原因，她离开公司，回到老家广州。重新找工作的时候，她被招商银行广州分行人力资源部录用了。

（二）客户导向

有人说：赚钱的投资高手与常人最大的不同在于，投资高手往往站在交易对手的角度来思考问题。做这个事情对方有什么好处，对方通过交易如何能够盈利，如果盈利的思路非常清晰，能够实现双赢，投资高手会毫不犹豫地进行交易。选人也应该选择有客户导向、客户思维方式的候选人。

一个公司所有的岗位，毫无例外都是因为客户的存在而存在，都必须为客户创造价值。销售人员为外部客户创造价值，职能人员为内部客户创造价值，不能创造价值、不能站在客户角度思考问题的人，不大可能做好本职工作。此外，客户导向也与团队协作精神紧密相关，缺乏客户导向的人常常会认为，为团队协作付出会消耗自身的资源与精力，会影响自己的 KPI（关键绩效指标），他们思考的出发点往往是如何能够保障自己的利益，不会站在兄弟部门或者公司整体角度思考问题。因此，在一个团队或者一个公司中，客户导向意识的匮乏，使得部门之间的正常工作难以通过流程来推动，只能靠领导来推动，这会导致管理者花费大量时间在沟通协调上。管理者整日疲于奔命，时间精力都消耗在内部协调上，由上级召集的跨部门沟通会议与日俱增，就是公司内部缺乏客户导向的重要症状。

其实，是否具备客户导向的思维方式，与工作经验多少无关，与职位高低也无关。一次，我参加公司的总经理办公会，因为业务发展需要的缘故，会议上主要的业务部门纷纷向某支撑部门提出明确的支撑需求，该支撑部门总监在回应大家提出的支撑需求时，遮遮掩掩，顾左右而言他，就是不明确回答接下来他要如何支撑业务部门的工作需求。我忍不住把业务部门提出的支撑需求再明确问了他，提醒他没有正面回答业务部门的支撑需求，强调总经理办公会就是用于解决此类问题的。面对我的提问，他非常自然地回答："哦，是这样的，我们部门最近1个月的工作都已经安排满了，而且这些工作都是老板安排的，我们部门全部人都在高负荷运转开展工作。"听完他的辩解，我马上毫不客气地回应："你要记住一点，你负责的部门不是老板一个人的部门，而是全公司的部门，应该向所有的部门提供支撑，不要把老板当作挡箭牌，如果人手不够，你可以向公司提出增加人手的要求。"听完我的一番话，这位部门总监低头不再言语。

我知道，我在会议上当着众人的这一番话让他极为不爽，我也知道这一番话基本上无法改变他的思维方式，但有3点值得管理者反思：第一，从经营的角度来看，级别越高的人越需要具备客户导向的意识，因为他们调动公司资源的能力更大，对公司经营效果的影响也更大，因此，管理干部的甄选录用应当将客户导向纳入到考察的内容；第二，管理者应当注意如何评价下属，是不是上级交代的工作完成得又快又好就是好的下属，是不是整天围绕上级转就是好的下属，管理者应当如何客观、全面评价一个下属为公司创造的价值；第三，公司里面不可能所有的人都是你甄选招聘进来的，你应当要做哪些工作，来帮助公司解决客户意识匮乏、团队协作精神缺失的问题。

反过来，有客户导向意识的人，不仅仅会站在客户的角度，也会站在兄弟部门、同事的角度，还会站在上级的角度来思考问题、采取行动。拥有此类员工会让管理者省心、舒心。

我曾录用过一个应届毕业生小李，她没有太多的工作经验，但是特别会站在别人的角度思考问题。有一次我安排小李负责客户接待工作，客户有痛风的毛病，小李专门安排了清淡的素食餐厅；因为客户时间比较紧，她在客户来到餐厅之前，已经提前将所有的菜品点好；客户吃完饭后准备抢着结账时，小李告诉客人她在点菜的时候，已经结完账了，在餐厅常常见到的客人之间相互争抢买单的情形没有发生。后来客户告诉我整个事情经过，对小李的评价也非常高。我听完客户的表扬以后，也非常开心，因为小李同学的这些接待工作我事先没有做任何交代，只是交给她一个帮忙接待客户的任务。小李在公司工作两年后，由于工作出色，被提拔为经理级管理干部。

（三）正向乐观

有次下班后，我受邀参加某知名女鞋公司的内部员工学习分享会。刚一进该公司，工作人员就发了一本学习手册给我，一看，让我诧异不已，今天学习的居然是佛学讲义，这是我第一次在公司内部组织的培训学习中遇到学习佛学的情况。环顾培训教室，里面满满当当，有30多名该公司的员工，主持人是该公司的人力资源总监，她站起来大声宣布："今天公司内部学习分享会正式开始，我们继续上一期的佛学讲义的学习，今天我们非常荣幸邀请到台湾资深佛学讲师××老师作为今天内部学习分享会的指导老师……下面我们开始集体朗读佛经的第 5 页内容，然后再请各位学员结合自己的体会，来谈谈对佛学的认识与理解。"

话音一落，参加分享会的所有学员开始朗读手中的佛学讲义，虽然我对佛学不太熟悉，但既来之则安之，我也跟随其他学员认真地朗读起来。这次学习的佛学内容不多，短短五六百字的内容，不到 10 分钟就读完。佛经的具体内容我已经记不清楚了，大概的意思是佛祖告诫弟子，人不应该有比较之心，有了比较之心容易心理不平衡，容易产生嫉妒心，容易带来负面情绪与影响，进而形成矛盾与争端。朗读结束之后，从人力资源总监开始，按照座位顺序依次发言谈谈自己的感受。刚开始 4 位员工发言内容还都比较正常，大多认可佛经所阐述的这段内容，但轮到第 5 位员工，她不慌不忙地站起来说道："感谢公司今天组织学习分享会，我非常认可佛经所讲的这段话，人不应该有比较之心，不应该什么事情都要进行比较，但是我有一点不是特别明白，为什么公司对销售人员要进行绩效考核，还要在公司内部形成排名与比较，例如每周的销售龙虎榜。我对这一点非常困惑，希望今天在座的各位老师能够给我解惑。"

本来是轮流依次发言，当这位同事当众提出了一个富有挑战性的问题后，培训室开始安静下来，大家都把目光慢慢聚焦在今天的主持人、公司的人力资源总监身上。作为今天的培训分享会的组织者，人力资源总监意识到虽然还没有有效的方法可以应对这个提问，但是现场的气氛已经迫使自己不得不站出来。毕竟在职场上久经沙场，人力资源总监很快就镇定下来，清了清嗓子，回应说："你提出的问题很好，下面我们有请台湾专家 ×× 老师来回答你的问题。"台湾老师一怔，没有想到主持人会将皮球踢到自己这边来，但姜还是老的辣，台湾老师反应也很快，马上说："你的问题很好，这样吧，今天参加学习的学员也比较多，我们先让所有的学员发言，发言结束以后我们集中所有的问题一起回答吧。"

转了一圈，结果没有一个人正面回应这个学员的问题，学习分享就好像停滞了一样，大家都无所事事地低头开始玩起手机来。当然，可以理解无论是人力资源总监，还是外部专家都很难回答这样的问题，因为提问者采用的是"以子之矛、攻子之盾"的策略来提问。作为特邀嘉宾，我想为人力资源总监解围，本来还没有轮到我发言，但我还是接过话题："我来谈谈我的看法，我的理解是佛经中关于比较之心的这段话，只讲了一半，只讲了比较之心不好的一面，实际上，比较之心也有它积极正面的作用。比方说，无论是我们学生时代，还是步入社会就业，甚至是选择人生伴侣，哪一件事不涉及比较。学习，通过比较才能知道自己不足，不可能人人都上清华北大吧；应聘，只有比较才能知道是否适合自己的发展，不可能只要招工你就会加入其中吧；择偶更是要比较，否则自己一生都会受到影响，不是任何一个男人或女人，你就会与其结婚吧。所以，佛经实际上是在告诫我们，我们要学会控制比较之心不好的一面，发挥比较之心积极的一面，只有这样才能让我们的人生幸福起来。"当我说完这番话，会议室响起了热烈的掌声。

从这个案例可以发现，即便是面对同一事物，不同的人也会呈现出不同的心态。比方说，对于竞争的看法，有人可以用"追求卓越"来描述，但是有人却会用"争强好胜"来衡量；对于聚焦的看法，有人可以用"目光狭窄"来描述，也有人会用"心神专注"来强调。一般来讲，人主要分为两种类型，一种是正向乐观，一种是抱怨悲观。心理学上是这样划分乐观和悲观的人的：1.看待不幸的来源，乐观的人会认为不幸或失败源自外部因素，是可以改变的；悲观的人则认为失败是事物或自我内部永恒的特性决定的，自己对此无能为力。2.看待不幸的持久性：乐观的人认为不幸的状态是暂时的，悲观的人则认为不幸是永恒的。3. 看待不幸的普遍性：乐观的人认为不幸是特殊的、偶尔发生的；悲观的人则认为不幸是普遍的、无处不在的。[①]

公司或者团队一定要选择正向乐观的人，因为没有任何一个工作环境或条件是完美无缺的，也没有任何一个人在工作与生活中不会遇到困难与挫折。正向乐观的人做事情更坚忍不拔，不会轻易放弃，做成事情的概率要远远比抱怨悲观的人高，而且，正向乐观的人往往会感染与激励周边的人，团队氛围在正向乐观的主导下也更加积极向上。

（四）会沟通、情商高

无论是工作还是生活，没有哪个人不需要与人打交道，团队与团队之间、团队内部成员之间的协作都是通过沟通实现的。大部分初入职场的人都以为工作中专业能力最为重要，这和西方文化比较接近，因为西方文化中对工作的价值观排序是"法、理、情"。然而，东方文化与西方文化则完全不同，东方的价值观排序往往是"情、理、法"。换而言之，对一个人在职场中的成长而言，专业能力不是排在第一位的。在职场中工作久了，我们会发现很多问题的处理与解决，大部分都不是靠专业知识来解决，而是依靠沟通与协商来实现，这当中会沟通、情商高的人往往占有先天的优势。

有一次，人力行政部门推荐一名行政专员岗位的候选人，负责招聘的同事来找我去面试，我当时正在开会中，告诉同事让候选人在我办公室等我一会儿，考虑到行政专员的岗位已确定了一名候选人，今天的

---

① 冯颂阳.别让工作伤害你 [M].沈阳：万卷出版公司，2010：61.

面试只是作为备选而已，我对面试并没有放在心上，主要的精力还在会议议题上。一转眼2个小时过去了，想到还有候选人在办公室等我，我急忙从会议室回到办公室，一进门我就看见一位白白净净的小姑娘坐在椅子上，见我踏入办公室，她立马站起身来向我问好，我有些不好意思，赶紧打开面试记录文档，常规性地首先向候选人道歉："王小姐，实在不好意思，今天让你久等了。"

一般情况下，当面试官这样致歉时，绝大多数候选人的回答往往是"没有关系"或者"我没有等太久"，面试官与候选人之间都是常规的客套话，相互之间也不会留下过多的印象。让我惊讶的是，候选人非常自然地回应我："面试官，等一下子没有关系的，我认为好的工作机会都是等出来的。"她的回答一下子让我怔住，说实话我面试如此多的候选人，从来没有想过她会如此回答，如此真实、不做作。我立刻对这位候选人有了好感，一番交谈后，我发现她完全符合"会沟通、情商高"的标准，比我之前确定的候选人还要好，我马上通知招聘的同事先不要通知之前确定的人选，直接与今天面试的候选人沟通入职事宜。

请注意，我所提到的"会沟通、情商高"并不是提倡拍马屁，这与拍马屁是完全不同的，前者是为了达成工作目的而采取的策略，通常是讲真话、会讲话，追求双赢的结局；而后者是为了实现自己个人利益而采取的策略，通常是讲假话、套话、空话，追求个人利益最大化。虽然，每个人都喜欢听好听的话，但作为管理者，必须要学会区别这两者。

（五）富有责任感

我认为：假如选人只能有一个标准的话，那就选择责任感最强的那个。我想，没有哪个团队不喜欢富有责任感的员工。因此，当你浏览各个企业的招聘广告时，会发现，几乎所有的招聘广告中关于任职资格的部分，都会写上一条：要求候选人具备高度的责任感。什么是责任感？我认为就是对可能出现问题的事情高度警惕，并且能够采取一切措施达成目标或者解决问题。有责任感的人不会推卸责任，他会主动解决问题；有责任感的人不会只顾自己，他会善解人意地换位思考；有责任感的人不会拖拖拉拉，他会在关键时间点前完成工作。

责任感说起来简单，但在人才招聘环节中识别候选人的责任感并不是一件容易的事情。过去我在甄选过程中因为忽视对责任感的关注，吃过不少亏，因为下属缺乏责任感，自己操心不说，出现问题以后，最后只能是自己来处理善后事宜。我曾经招聘过一位形象气质俱佳的前台妹妹，只要她坐在前台，公司品牌形象顿时会提升好几个档次。因此，即使她在工作中经常出现各种各样的小错误，考虑到她的形象气质缘故，大部分情况我都忍了下来，但后来发生的一件事实在是让我无法忍受，我不得不辞退了这位前台妹妹。事情的经过是这样的：

某天晚上 8 点，我正在陪家人吃饭，几个还在公司加班的同事陆陆续续打电话进来，不约而同地告诉我一件事情，公司大门自动门的按钮出现了故障，大门关上以后，从里面无法打开，只能从外面通过刷卡打开。现在有 10 多个同事在办公室加班，准备回家时发现从里面出不来，所以纷纷打电话到我这里来。我家离公司最近，结果我只能自己跑一趟为大家开门。

后来，我了解到公司大门当天下午就坏了，为了不影响正常的人员进出，她一直把大门敞开。然而在大门没有修好的情况下，她到了下班的时间点就回家了，完全不考虑公司尚未下班的人员是否会受到影响。只顾自己，不顾他人，这就是一个很典型的缺乏责任感的案例。我认为稍微有点责任心的人，都会想尽一切办法解决大门开关的故障问题，以免影响公司日常运营管理工作。

作为管理者，必须要将具有责任感的候选人筛选出来，对责任感完全准确的考察，只有大家在一起共事的情况下才能实现。面试环节候选人与面试官之间大多都是靠嘴讲，口才好的人可以讲得天花乱坠、真假难辨，说实话，面试官很难分辨不同候选人之间责任心的大小程度。但是，我发现有责任感的人往往都有一些特点或者规律，虽然不一定完全准确，但是可以帮助管理者提高判断候选人责任感的准确性：

事情没有做完会加班完成，不管是在家还是在公司；

遇到重要的工作任务，晚上有睡不着或早上惊醒的经历；

农村孩子比城市孩子更有责任感；

家庭条件差的比家庭条件好的更有责任感；

长幼排行靠前的比排行靠后的更有责任感。

二、坚决不得录用的 5 种人

前面一部分内容主要介绍了团队用人的标准，接下来谈谈团队淘汰的标准。淘汰的标准不仅可以用于人才甄选环节，也可以用于人才使用环节。虽然没有办法保证在较短的时间内，做到对人才完全精准地把握，但是可以在与员工共事的过程中，加强对人才的考验与观察，不断积累与人才特质有关的真实素材，实现对员工客观准确的判断。因此，从这个角度来看，淘汰的标准比用人的标准更为重要。

（一）不讲诚信

诚实信用是任何一个团队对人才的最低要求，在人才录用或者使用中可以起到"一票千金"的作用，职位级别越高，工作责任越大，对诚实信用的要求就越高，对诚信瑕疵的容忍程度也越低。我常常记得小时候母亲对我的教育，"小时候偷针，长大就偷牛"，小的诚信问题处理不好，在大的诚信问题上就容易犯错误。在我的职业生涯中，我见证了不少同事，从违反小的诚信原则开始，一步步走向了大错误，甚至身陷囹圄，遗憾终生。因此，在我看来，无论候选人的个人能力多强，如果违反了诚实信用的原则，我会毫不犹豫地拒绝录用。在日常团队管理中，我就经常告诫直接管辖的团队成员，特别是对容易犯错误的人员定期提醒，这其实也是为团队成员的职业生涯负责。

我在招聘某部门总监的过程中，就遇到了这样一个候选人。候选人有良好的工作履历，从简历上看，候选人是重点大学全日制本科毕业，在知名的互联网公司担任部门总监一职，从业期间负责公司多个核心项目，用户数和访问量都创新高，取得了骄人的业绩。实际沟通中，此人从战略策划到行动计划，都侃侃而谈，形象口才俱佳，被问到其负责项目的具体细节，他也能够脱口而出、如数家珍。我认为其主要的工作经历真实有效，具备该岗位所需要的专业能力，与公司招聘的岗位极为匹配。面试结束以后我马上推荐给总裁面试，总裁面试后也对候选人的表现极为满意，希望人力资源部能够尽快与候选人沟通，并落实其入职的工作细节。

得到面试通过的消息，我马上亲自与候选人沟通入职具体条件与要求。在我们双方对入职的条件与细节都没有异议后，我告诉候选人，我们公司对员工的诚信要求比较高，所有人员特别是中层管理干部，对工作经历、个人简历、面试内容等，都有严格的诚信要求，公司将对拟录用的候选人进行全面的背景调查，对于违反诚信要求的情形将会一票否决。告诉候选人公司对诚信的要求后，我非常委婉地问候选人："你对面试或简历还有什么内容是需要补充或者修正的吗？"因为，我会对面谈的主要内容做记录，而我问这个问题，也是希望候选人不要在原则性的问题上犯错。候选人听完我的问题后，毫不犹豫地回答："没有任何问题，我讲的和写的内容都是真实的，欢迎公司对我做背景调查。"我们在愉快的氛围中结束了最后一次面谈。

之后，我马上安排人力资源部的同事对候选人做背景调查，重点是教育经历、工作经历的调查，没有想到一开始就发现问题。拿着候选人的学历复印件，同事在学信网上却根本无法查到候选人的毕业信息，难道他根本没有某重点大学的毕业文凭？由于担心查验学历的信息不够准确，同事马上与候选人取得联系进一步确认学历情况，他在电话中马上就承认了学历造假的事情，其本人的真实学历是高中。确认候选人的真实信息后，公司立刻做出了停止录用的决策，因为候选人的行为已经违反了公司的用人底线。

（二）带团队入职

《中国共产党第十八届中央委员会第五次全体会议公报》指出：坚

持计划生育的基本国策，完善人口发展战略，全面实施一对夫妇可生育两个孩子政策，积极开展应对人口老龄化行动。中国计划生育政策的改变，意味着中国即将或者已经出现了人口拐点。以广州为例，2013 年广州外来务工人口首次出现负流入。在中国任何一个经济尚可的城市里，企业想要招聘到足够的人才几乎是一件不可能完成的任务，更不要提找到合格胜任的人才。但企业家往往都有宏大的人生抱负，都有一个打造百年老店、进入世界 500 强的梦想。在企业远大的经营目标驱动下，大部分企业人才招聘也开始大步向前迈进，都希望能快速将招聘任务完成。所以，在招聘的时候管理者常常会问候选人："你能不能将过去的同事推荐进公司呢？"甚至在面试的时候，有的候选人会主动说可以带一个团队来到公司，帮助公司快速把业务做起来。遇到这样的人，我往往放弃录用。原因有三：

1. 容易形成小圈子，无原则地抱团

这些团队成员只会对自己的上司负责，不会对公司负责。我曾经目睹过某公司引进一位高管后所引发的一系列混乱场面。该高管进入公司以后，第一件事就是快速引进自己过去的部下。虽说举贤不避亲，但是按照公司管理规则，所有引进的人才都要走正常的招聘流程，人力资源部在面试过程中提出了一些不同意见，该高管当即破口大骂，毫无职业素养，大闹一番后又要求对差旅报销实行特殊待遇，公司的规定与制度在他面前形同虚设。

2. 来也匆匆，去也可能匆匆

带团队过来的人虽然可以帮助公司快速将业务团队搭建起来，并迅速推动业务发展，但是候选人却违反了对过去雇主的忠实义务。忠实

义务不是要求候选人为雇主服务一辈子，但也不能花公司的钱，养自己的团队，一旦离开就把团队一锅端，让过去的雇主陷入困境。新公司也应考虑：这种情况在我们的公司难道就不会再次发生吗？我们有什么样的能力保证带团队的人，在与公司产生矛盾后，不会带整个团队离开公司呢？

3. 组织丧失了自我造血与培养人才队伍的机会

《创京东：刘强东亲述创业之路》中对刘强东面试高管有过这样一段描述：刘强东面试高管，问问题很细，例如你在上一家公司工作 8 年，你希望带得力下属过来吗？如果带了老下属，工作可以迅速开展；不带来，要和新下属磨合，过程痛苦。假设面试的高管回答希望带来老下属，这样的高管刘强东就不会考虑，他要的高管是有领导力、有自己的魅力和方法整合新团队的人。他对高管的要求是，要么融入京东文化，要么走人。[①] 我常常认为，一个优秀的管理者是帮助一个组织建立整套有效运作的机制，这些机制不会因为管理者离职而丧失。因此，对于组织建设与发展而言，从来就没有看到哪个组织是靠大规模挖他人的团队成长起来的。

不欢迎带团队入职并不是禁止人才推荐，而是欢迎公司的员工或者候选人为其他部门，尤其是没有利害关系的部门推荐人才。我们反对的是带整个团队进入公司，如果不是带整个团队进入公司，也要防止团队中的关键岗位都是管理者过去的下属，其中要特别注意过去下属跟随管理者的次数。例如在最近几家公司的工作经历，如果该下属的工作经历与上司完全吻合，基本上可以判断两者存在比较强的一致行动性，对

---

① 李志刚.创京东：刘强东亲述创业之路 [M].北京：中信出版集团，2015：157.

此类人才应当谨慎使用，避免用人上的风险。

（三）频繁换工作

我想如果没有特别的原因，管理者不大可能会喜欢频繁换工作的候选人。在我看来，频繁换工作的候选人心气较高，对工作的热情较低，还没有找到适合自己的发展方向。录用或使用跳槽频繁的人才往往具有较高的用人风险。我一般把平均在每家公司工作时间低于 2 年的候选人视为频繁跳槽，不同行业、不同公司、不同管理者都可以对频繁换工作做出不同的定义。我对此类候选人的处理方式是：

1. 如果候选人平均每家公司工作时间低于 1 年，坚决不要，直接淘汰

我曾经看过一份简历，候选人的职位是部门总监，总共有 10 年的工作经验，居然有 11 家公司的工作经历，每家公司工作成果的描述只有一句话。我难以理解候选人每家公司平均工作时间低于 1 年的行为，一次、两次换工作或者刚刚参加工作时职业方向不明确，还情有可原。但作为一名职场人，要熟悉了解公司，在工作岗位上实现沉淀、积累人脉、做出贡献，在低于 1 年的时间里，几乎是不可能做到的。此类候选人往往自视清高、自认怀才不遇，稍微遇到一点困难与挑战就会放弃现有工作，团队的负责人不敢让他们承担团队的重要工作任务，因为不知道什么时候他们就会离开公司。

2. 候选人平均每家公司工作时间在 1 至 2 年，如果符合招聘岗位的要求，查明离职原因，区别对待

客观来看，候选人在一家公司工作超过 1 年，已基本上熟悉公司，熟悉所在工作岗位的要求与职责，上司对员工的考察期也结束，员工开始进入职场的贡献期阶段。稍微能干一些的员工，管理者就分配相对重要一些的工作给候选人，这对候选人而言，是极佳的成长与锻炼的机会。如果候选人把握好时机，能够实现有效的积累，也会有较好的上升空间。此时离开所服务公司，作为管理者必须要认真研究候选人的离职原因。

一般来讲，主要的离职原因无外乎有以下几种：

（1）公司倒闭或者搬迁。可以理解，考察录用。

（2）薪酬原因。分析其现有薪酬与市场水平，诉求合理，考察录用；只看薪酬，不予考虑。

（3）企业文化或者人际关系。深入了解其所在公司企业文化、团队氛围、人际关系等导致其离职的具体原因，合理的、非候选人的原因导致其离职的，考察录用；反之，则不考虑。

需要注意的是，如果候选人最近连续几次都是因为类似的原因离开公司，管理者就要高度警惕。我曾经面试录用过一名候选人，名校硕士毕业，口才与文笔俱佳，相互沟通中印象也好，当问及最近几次离职的原因时，他的回答很一致，公司要么倒闭，要么被别人收购，理由也倒是充分。结果他进入公司以后，我发现他本人问题多多，缺乏团队协作精神，遇到问题就溜边，善于丢皮球推卸责任，缺少大局观，没过多久就被公司辞退了。后来反思录用此人的决策过程，我对于他离职的原因把握不够。深入想想就会发现，一个综合素质、聪明才干极高的人，怎么可能每次都选到倒闭关门的公司，不可能运气如此之差，即便真是自己的选择，也说明候选人对事物的判断能力有问题，不宜录用。

（四）走路慢，做事拖拉

我是一个急性子，对于已想清楚的事情，今天能做的就不会放到明天去做，现在能做的就不会以后做。所以，我要求团队成员迅速执行，又好又快地完成公司交代的工作任务。我无法容忍工作效率低下、做事情拖拖拉拉的候选人。怎么样判断出行动力不足的人？与人打交道多了，慢慢你就会总结出一些经验。行动力不足的候选人往往因为缺乏紧张感，会在日常的生活或者工作中不知不觉地表现出来，一般来讲，往往会有以下几个特点：

1. 走路慢

你会发现有的候选人，特别是在办公室工作的时候，慢慢悠悠地走路，甚至走到一些同事位置旁边，和正在工作的同事聊会儿天，之后再回到自己工作的位置上。哪怕就是火烧眉毛，马上要开会了，他也是不慌不忙地走路。相反，行动力强的人，你会发现他们惜时如金，每次都是一副急匆匆的样子，走起路来虎虎生威，感觉像一阵风一样。

2. 经常迟到，而且准时迟到

以前，公司规定上班时间是9点整，9点以后进入公司就算作迟到。有一天，一位同事因为经常迟到被扣除考勤奖来找我，他向我提出一个问题：公司的考勤机上面显示9点的时候，打卡是否算作迟到？我很好奇，问他为什么要问这个问题。他答道，因为人力资源部同事告诉他算作迟到，他认为虽然9点已过，但是只要没有在59秒结束并变为9点1分，都不应该算作迟到。我告诉他说："如果你能把研究这个问题的功夫，放在管理自己的上下班时间上，你早就不用迟到了。"因此，经常迟到的人，与行动力不足常常紧密联系在一起，除下班准时以外，他们往往缺少时间观念，工作任务进展大多会受到影响。

3. 极少加班，哪怕是快到截止时间

如果一个员工从不加班，要么是工作岗位设置不合理，要么是他缺少对工作结果的追求。任何一项工作放到这样的员工手中，你就不要期望他能够在规定时间内顺利完成，你必须要花大量的时间与精力盯住他，不断督促与敲打他，他的工作任务才有可能完成。团队成员中有这样的员工，管理者在团队管理上会精疲力尽。反过来，行动力强的员工，即使交代的工作任务较重，时间较紧，也会加班加点、想尽一切办法完成，避免自己所在的环节成为项目流程节点中的瓶颈。

（五）爱给人戴高帽

清人俞樾写有《戴高帽》一文，讲述了"戴高帽"的故事：

俗以喜人面谀者曰"喜戴高帽"。有京朝官出仕于外者，往别其师。师曰："外官不易为，宜慎之。"其人曰："某备有高帽一百，适人辄送其一，当不至有所龃龉。"师怒曰："吾辈直道事人，何须如此！"其人曰："天下不喜戴高帽如吾师者，能有几人欤？"师颔其首曰："汝言亦不为无见。"其人出，语人曰："吾高帽一百，今止存九十九矣。"

翻译成白话文就是：

俗话把喜欢别人当面阿谀的人称为"喜欢戴高帽子"。有一个准备去外省任职的京官，去和他的老师告别。老师说："外省的官不好做，你应该谨慎从事。"那人说："我准备了一百顶高帽，碰到人就送一顶，

应当不至于有矛盾不快。"老师很生气地说："应以忠直之道对待别人，怎么能这么做？"那人说："天下像老师这样不喜欢戴高帽的人，能有几个啊？"老师点头说："你的话也不是没有见识。"那人出来后，告诉别人说："我准备的一百顶高帽，现在只剩下九十九顶了。"

可见对于任何人而言，阿谀奉承都是难以防备与抵御的。一度大热的反腐大剧《人民的名义》中，纪委书记田国富告诉省委书记沙瑞金，在沙书记到职汉东省的前两周忙于各地市调研期间，有人把省委大院的网球场改造成篮球场，因为他们知道沙书记喜欢打篮球。至于之前为什么是网球场呢？原因很简单，因为前任省委书记赵立春喜欢打网球。

这种现象不仅会出现在文学和影视作品中，在现实生活与工作中，也常常会出现。我就见过一家企业的老板，喜欢半夜发邮件安排工作，爱用加班时长来评价员工好坏，而不考虑员工工作是否有效率。为了迎合老板的这种偏好，不少员工就养成了一种习惯，在半夜发邮件汇报工作，但又不想这么晚还在工作，他们就在邮件中设置定时发放，将本来可以在正常工作时间发送的邮件，定时在深夜时分发给老板。

正所谓"楚王好细腰，宫中多饿死"。上司有什么偏好，下属就可能投其所好。在这种风气下，下属的主要精力就用在整天琢磨上司的想法，忙于琢磨如何行动可以讨得上司的欢心，而不是考虑工作如何做才能给公司创造价值。管理者必须警惕这些现象，当团队内部出现不良苗头时，必须予以坚决制止与打击，并持之以恒，才能在团队内部树立"唯实而不唯上"的价值观。

三、30 分钟高效识别人才

前面讲了一些关于用人的标准以及淘汰的标准，相对而言都比较容易理解，但是，真正与候选人进行沟通与交流时，团队管理者却常陷入"不识庐山真面目，只缘身在此山中"的境地。因此，对于团队管理者而言，如何识别与判断候选人是否符合这些标准就成为人才甄选的关键。团队管理者必须要学会并熟练掌握一些有效的人才甄选的方法。考虑到团队管理者一般都熟悉业务工作，并没有接受过系统的人力资源管理训练，过于复杂与理论化的方法不太适用于他们。我将自己在实践过程中使用的简单、实用的方法，总结并提炼为 3 点，配合一些具体实例，希望能够对奋战在一线的团队管理者有所启发。

（一）拨开云雾的素质模型法

胜任素质模型最早源于美国 20 世纪 50 年代的外交官选拔。当时不少形象好、口才佳、家庭背景优越、名校毕业的候选人进入外交官队伍，美国政府把他们派到全球工作。反馈的结果却并不理想，很多人与派驻国无法有效沟通，甚至因为不了解当地传统与文化发生不少矛盾与冲突。因此，美国政府不得不开始认真思考外交官的招聘甄选问题，为什么看起来外在条件良好的候选人却不能带来预期的绩效呢？哈佛大学麦克里兰教授受邀为美国政府设计一套能够有效预测未来绩效的人才甄选方法，这套方法就是胜任素质模型，其基本原理就是每个人真正的绩效产出，不是由人的外部条件决定的，而是由人的行为特质决定的。

中国从 20 世纪 90 年代开始，一些大型的外资企业与国有企业引入胜任素质模型，基本上都是请专业咨询公司帮助设计与操作，不同岗位的素质模型大同小异，相互借鉴的痕迹非常明显，内容趋同严重；此外，咨询公司设计的胜任素质模型体系庞杂，操作烦琐，中看不中用，设计完成以后基本上就被束之高阁。我认为管理要为实践服务，根本没有必要设计过于复杂的胜任素质模型，我在管理实践中往往采用简易的胜任素质模型。我曾经要求人力资源部在招聘顾问①的岗位上实施该方法，实施前新录用人员在 1 个月内流失率超过 50%，实施 1 个月后新录用人员流失率大幅度降到 10%。具体的步骤是：

第一步，与业务部门沟通，确定要做好该职位工作的行为特质有哪些，可把业务部门中绩效表现突出的员工作为样板来提炼行为特质。

第二步，基于对这些行为特质的研究与理解，由人力资源部门与业务部门一道针对每个行为特质提炼出有针对性的问题，用于考察候选人是否具备相应的行为特质，详见表 1-1。

表 1-1 招聘顾问简易胜任素质模型示例

胜任素质	面试问题
勤劳、吃苦	家人对你的最大影响是什么？
	大学期间你做的最投入的一件事情是什么？
	上一份工作是不是经常加班？你平时加班主要是干什么？

---

① 招聘顾问是负责公司招聘网站会员套餐售卖工作的职位。

续表

胜任素质	面试问题
亲和力、取悦他人的能力	在上家公司的人缘情况怎么样？
	为什么你的人缘那么好？
	和客户的交情怎么样？
成功的销售经验	成功可以复制吗？为什么？
	谈谈最成功的一次销售经验，成功的原因是什么？
	上家公司的考核指标、业绩完成情况、业绩排名怎么样？
	将医疗器材卖给一家高档的医院，该怎么做？
	如何找到客户决策人的联系方式？
赚钱的欲望	在深圳年收入达到多少才能满足你的目标？
	你希望用多久达到你的目标？
	你为什么需要年薪 10 万、20 万元？
抗压能力	两三个月没有销售业绩，你觉得正常吗？
	在上家公司多长时间出业绩，在没有业绩情况下，采取了哪些措施？
	家庭变故对工作的干扰，你是如何处理的？
	销售过程中遇到的最大的挫折是什么？
	贷款追不回来，对方言辞激烈，你该怎么办？
悟性、灵活性	场景：见客户，创业型公司，你的工作该怎么开展？
	电话模拟：报价能不能优惠？
	假如你是一家冰激凌店的导购，顾客要你推荐一款不甜的冰激凌，客户品尝后发现还是很甜，要求你退钱，你该怎么办？

第三步，面试结果的讨论，由负责招聘的同事对拟录用的候选人，按照胜任素质模型的方式，逐一进行汇报与解释。对于是否符合胜任素质的要求，用面试交谈中收集的信息予以证明，基本符合胜任素质模型的纳入录用考察范围。

（二）杜绝作假的刨根问底法

在招聘甄选环节，对候选人进行判断的信息主要来源于两个方面：第一个方面是基于岗位的内在要求，需要判断候选人是否有做好这个岗位的行为特质，前面讲的胜任素质模型法可以解决好行为特质的考察问题；第二个方面是基于岗位的外在要求，需要判断候选人是否具备相应的专业能力、工作经验，这主要是通过对候选人的简历和面谈过程中信息综合分析来加以判断，这就会用到下面介绍的"刨根问底"的方法。

招聘甄选面试过程中，面试官最为常见的错误是"一问一答，换一问再一答"。通常问答一个来回，尚不足以做出对候选人的准确判断时，面试官期望通过转换提问的角度，从更多的角度来考察候选人。但实际上，每个提问都是浅尝辄止，不可能得到对人才甄选决策有益的信息，收集到的信息基本上都是落在候选人准备或者期望的范畴，无法对候选人做出有效准确的判断。

刨根问底法可以解决这一问题，它要求面试官在面试的过程中，必须把握住与甄选决策有关的关键问题，一旦开始提问，必须紧紧围绕关键问题，抽丝剥茧，层层深入问下去。打个比方，在面试应届毕业生的时候，面试官经常会问候选人一个问题："能不能介绍你在学校负责过的一个活动？"候选人如果曾经负责过具体的活动，一般都会侃侃而谈，滔滔不绝，不管候选人要说多少，面试官都应该针对候选人的回答，进一步深入提问，挖掘候选人在该活动中的更多细节。因此，面试官可以进一步问：

整个活动有多少人参与？你在其中起到的作用是什么？

你在活动中遇到比较大的困难有哪些？你是如何解决这些困难的？

你在组织团队成员完成本项活动时，有没有遇到矛盾与冲突？你是如何克服的？

你负责该项活动的经费是怎么来的？你怎么说服他们为你的活动提供赞助？

你觉得负责该项活动带给你哪些经验与教训？如果再重新来一遍，你会在哪些方面有所改善？

活动的发起方对你负责的活动评价如何？为什么他们会这样评价？

··········

围绕同一话题，不断进行提问、收集、分析与判断，即使候选人在事前有所准备，面试官也能够得到真实有效的信息。这是因为候选人即使将没有做过的事情变成自己做过的，也只能准备 1—3 个问题，不太可能针对同一话题深入太多。因此，刨根问底法对于分辨候选人谈话内容的真实与有效极为有用。一般来说，刨根问底法不需要太多问题，基本上不超过 5 个问题就能结束战斗，一般情况 3 个问题就可以帮助面试官准确把握候选人。

曾经有位候选人面试公司的培训专员岗，专业经验不算丰富，但形象气质不错，工商管理本科毕业，谈吐得当，是个很讨巧的小姑娘。人力资源已对其面试过一轮，刚好遇到中秋节放假，人力资源部帮我安排到节后第一天上班与候选人面谈。

在和她的面谈过程中，我问了她一个问题：“你在人力资源管理方面，特别是在培训方面没有太多的工作经验，你准备如何解决这个问题？”

小姑娘反应很快，马上就答道：“我上次面试以后，也认识到自己的不足，所以我在中秋假期，专门到南山书城找了一些关于培训方面的专业书籍来看，希望尽快提升自己在培训方面的专业能力。”

听到候选人这番话是不是顿时觉得孺子可教？虽然没有太多工作

经验，但对应聘的工作比较上心，能够主动寻找相关资源来弥补自身的不足，是个值得培养的人才。但现在下结论还为时过早，所以我马上又接着问："你是在南山书城几楼看的书？"

"应该是在 3 楼。"候选人回答时稍微有点紧张。

"那你主要看了哪几本书？""图书的名称是什么？""记得作者的名字吗？""你看的图书中有什么观点对你的影响极为深刻？"我一口气连珠炮式向候选人发问，2 个问题后，候选人已经开始答不上问题来了。她很不好意思地告诉我，其实放假期间，她只是随便到书城逛逛，没有专门去寻找与培训有关的书籍。

因此，面试官围绕关心的问题，一环扣一环，逐步深挖下去，一定能够得到真实信息，这就是简单、高效的刨根问底法的魅力所在。

（三）了解内心的联想词语法

无论哪种人才甄选方法，面试官都期望能够得到候选人的真实信息，应聘者则希望将自己最优秀与美好的一面展现出来，将不利于自身的信息隐藏下去，双方之间似乎永远都是猫鼠游戏。互联网信息泛滥，让求职者有机会接触到各种不同的招聘甄选方法，再加上求职者在求职过程中的实践与训练，求职应聘的能力不断提升，技巧持续优化，面试官面对的都是经验丰富、做好充分准备的候选人群体，了解候选人内心真实想法愈加困难。

为此，我设计了一种超级简单的方法——联想词语法，来测试候选人的内心想法，对了解候选人的价值观倾向特别有用。联想词语法就是选择任意一个词语作为开头，以此让候选人开始词语联想，后一个词语只要与前一个词语有关系即可，哪怕一点点关系都可以。假如我给你的第一个词是"中国"，你联想的第二个词可以是"陶瓷"，因为中国的英文是CHINA，而小写的china也有陶瓷的意思，第三个词可以是"米饭"，因为米饭可以装在陶瓷碗中……面试官必须要求候选人在限定的时间内快速完成几十个的词语联想，并且写在纸上供面试官分析。

这种方法的原理是，每个人都有自己独特的价值观或者行为特质，这些特质扎根于每个人大脑中，是不会轻易发生改变的。因此，当一个人开始对不同的事物进行联想时，最初还可以掩饰自己的真实想法，而一旦超过一定数量的联想以后，就难以掩盖，不知不觉就会暴露出自己的真实想法。

我常用"玫瑰"作为联想词语法的开头词，要求候选人在2分钟内完成25个词语的联想。下面就来看看几个不同候选人的联想词语，不考虑候选人的应聘岗位，只简单分析一下候选人在联想词语中透露出来的信息：

候选人1：玫瑰—鲜花—生日—情侣—爱情—生活—学校—体育—运动—篮球—足球—乒乓球—羽毛球—比赛—门票—电视—转播—足协—中国男足—世界杯—奥运会—金牌—奖金—奖励—表扬

评价：思维方式极为单一，拓展性思维能力不足，适合简单的执行工作。

候选人2：玫瑰—红色—鲜血—手术—绝症—背叛—出轨—离婚—分居—生活—人生—房子—车子—金钱—化妆品—美丽—容颜—毁容—修复—工匠—修房子—零件—五金店—买卖—超市

评价：负向思维方式，容易受负面情绪影响，对物质生活追求较高。

候选人3：玫瑰—爱情—热恋—开心—阳光—沙滩—高原—

草原—飞行—星空—宇宙—人生—理想—追求—职业—成长—梦想—工作—幸福—贡献—伟人—成功—巅峰—事业—写作

评价：浪漫主义色彩，有清晰的个人梦想，敢于追求，但理想化心态过重。

采用联想词语法要注意以下几点：

1. 不宜单独使用，应与其他人才甄选方法搭配使用，效果更佳。

2. 联想开头的词语可以更换，但在一段时间内应保持稳定，以确保对不同候选人的可比性。

3. 候选人写词语的时间必须严格控制，只有在较短的时间内写下的内容才是真实的内心反映，不应留给候选人过多时间考虑，时间一到即停笔，不管有没有写完。

四、让不胜任的人尽快离开

从人员管理的角度来看，管理者在人才决策方面通常会有两种错误：将不胜任的人员招聘进入公司，让不胜任的人在工作岗位上待得过久。两者都涉及人才决策问题，但后者让管理者更加为难，因为，管理者会面临人际与情感上的压力，不愿意让已被发现不胜任的团队成员离开公司。当然识别进入公司的员工能否胜任工作，本身也是一件不太容易的事情，即便是工作多年的职业经理人也无法保证，仅仅通过面试或者笔试就能确保招对人、用对人。本部分内容不考虑管理者的心态问题，主要谈谈当候选人进入公司后，采取哪些方法和策略，快速识别人才。事实上，如果方法对了，反过来也会促进管理者心态朝着正确的方向转变。

（一）入职即规划

一般而言，绝大部分企业录用新员工后，几乎不太可能做到给每位员工制定详细考核目标或者工作目标，除试用期到期后的转正评审和上司布置工作外，很少系统地对新员工进行客观全面的评估。如果遇到认真负责、要求高的管理者还好，在试用期他们会对新员工有明确的工作安排和要求。一般情况，新员工培养都采用放养的模式。因此，很多新员工进入公司以后，没有具体的工作方向，在试用期是最舒服的，但也是成长速度最慢的，公司无形之中就在这方面浪费了大量的人力成本。而且，在转正评审的时候，因工作方向与内容等方面缺少认同，管理者没有让新员工通过，企业与员工之间还容易产生矛盾与纠纷。职位越高的新员工，越容易产生此类的问题，这都是在新员工入职环节没有做好工作规划的缘故。

入职规划法在企业中使用效果极佳，考虑到资源有限，在实践中，由公司层面主要负责带团队的管理人员来实施；对于非管理人员，由公司授权各部门自行实施入职规划。具体的做法是：

第一，为更加有效地开展工作，客观公正地评价管理人员的绩效产出，入职规划适用于所有新入职经理级及以上人员、内部拟提拔主管级及以上人员以及公司认为有必要实行工作规划评审的人员，其中新入职人员的入职通知书中增加"公司将在其入职后的1—2周内组织入职规划评审"内容，人力资源部门将于新员工入职或内部提拔后2日内发布评审会议通知。

第二，为了让新员工工作规划有的放矢，要求新进（晋）管理人员依据工作职责以及上级安排，自行做好对口支撑部门的调研工作，基于调研整理完成工作规划初稿（格式形式不限），于评审前2日报给所在部门负责人初审，其中总监级以上人员还应报总裁初审。

第三，新进（晋）管理人员基于调研、初审反馈意见，制定未来3—6个月内工作规划（PPT格式）以及个人KPI，在评审会议开始前汇总至人力资源部存档。

第四，入职规划评审时间为1小时，其中汇报半小时，接受评委提问半小时，评审结果分为4类：

（1）无条件通过评审。工作规划基本符合公司要求，工作规划一致通过评审，已通过的工作规划将作为试用期工作成效评估以及是否提前转正的依据。

（2）有条件通过评审。工作规划基本符合公司要求，但有需要完善的地方，被评审人需根据会议要求重新修改，并将修改后的版本提交人力资源部备案，无需组织二次评审。

（3）退回重审。工作规划基本方向无问题，存在部分瑕疵，人力资源部将组织二次评审。

（4）未通过评审。工作规划思路不清晰，与公司要求方向不符，无论首次评审未通过，还是二次评审未通过，均视为试用期不符合录用条件或不胜任拟提拔岗位工作要求，由所在部门负责人沟通终止试用期劳动关系，按照公司规定办理离职手续，或终止提拔工作安排。

第五，为了全面、客观地评价被评审对象，新员工入职评审的评委主要由人力、财务、运营、销售等相关部门人员组成，人力资源部根据岗位不同予以调整。参与评委正式评审前应提前思考，并积极在调研以及评审环节提供建议。

实施入职规划工作以后，取得良好的效果，主要体现在 3 个方面：

第一，公司与新入职员工明确了双方的期望，从模糊一致到精确一致，双方对工作方向、工作思路、具体任务有了清晰一致的认识，为后续试用期转正评审奠定良好的基础。

第二，提升人力资源甄选的有效性。对于在该环节无法做出符合公司要求的工作规划的人员，公司可以在较短的时间内，终止试用，大幅度降低人力成本。

第三，有力促进了部门之间的沟通与协作，降低部门之间信息不对称的程度。同时，对于公司而言，所有的新入职员工需要当众演讲，人力资源部能够从整体上掌握公司人才状况。

（二）转正答辩把好关

相当多的企业在新员工的转正考核方面，管理比较粗放。一般让新员工在人力资源部领取一张"转正申请表"，填写后的表依次经所在部门、人力资源部审批后即可通过转正考核。这种转正考核的方式基本上都是"认认真真"地走过场，采用书面审批的方式极少有不通过的情形，可以说，这种方法对新员工转正考核基本上是无效的。

前面我介绍了入职规划的方法，转正答辩实际就是对入职规划工作成果予以检验的方法。作为企业人力资源管理最为重要的环节，如果错过转正考核评估，不胜任的人员淘汰难度就会大幅度上升。下面介绍一下转正答辩的具体方法。

如果公司规模较大的话，几乎每天都会有人员到期转正，人力资源部不太可能每天实施转正考核。因此，人力资源部可以每月集中实施转正答辩1次，在每月的固定时间统计次月即将转正的所有员工名单，并通知其部门负责人及HRBP（人力资源业务合作伙伴）。

对于主管级以上员工，由人力资源部每月定期组织转正答辩；其他员工，由用人部门按照各岗位考核激励办法负责组织答辩，各部门HRBP协助部门收集考评结果，并在每月固定日期前将转正结果反馈给人力资源部。

为了提高被评审人的演讲与呈现的能力，可以要求试用期的转正评审方式一律采用PPT。转正评审小组成员的构成由转正人员上级指定，但必须包括人力资源、直接上级、业务相关部门的负责人。

根据转正答辩的不同情况，把新员工转正结果分为提前转正、正常转正、淘汰3种类型。

（1）提前转正。职能员工连续两个月绩效分数达到95分、销售员工连续3个月业绩目标完成率达到100%即可申请提前转正。

（2）正常转正。对试用期间的表现能够达到公司要求的员工，试用期结束后，由人力资源部直接按照入职通知书的约定确认工作岗位，并核发相应薪酬福利。

（3）淘汰。对试用期间表现不符合录用条件的员工，可根据国家及公司相关规定，由用人部门提供该员工不符合录用条件的依据，公司与其解除劳动合同。

实施新员工的试用期转正评审工作，能够与入职规划有效衔接，前后呼应。同时，让每个团队的优秀成员都能从自己团队中跳出来，让不胜任工作的人暴露在公司面前，团队主管无法藏着掖着，对于公司整体提高用人标准大有裨益，大大降低公司的人力成本。

（三）体面离职

常言道：好聚好散，再见不难。很多人长期在一个行业中谋生，圈子特别小，因此无论是对员工，还是对企业，口碑都特别重要。很多企业与员工在一起的时候，甜蜜如新婚，离职的时候却似仇人，甚至通过网络或媒体相互谩骂，相互攻击。从团队管理的角度来看，对于不胜任工作的员工，管理者应该做到让员工体面离职，至少可以做到以下几点：

1. 坦诚沟通

管理者应当客观、公正地对员工进行评价，我认为这是对员工最大的帮助。只有这样，员工才能知道自己的缺点与不足，才能了解自己需要改进的方向。可惜的是，现实中，管理者往往不敢直接面对被淘汰的员工，害怕面对面告知对方负面评价，担心可能存在的矛盾与冲突。因此，常常将本来应该自己完成的工作推给人力资源部去做。然而，人力资源部同事不是员工的直接上级，对员工真实的工作状态与情况并不清楚，大多说得含含糊糊，员工听后往往是勃然大怒，以为公司有人要搞他，凭空出现不少意外的争端。

管理者该承担应有的责任，平静、客观、坦诚地与员工交流，抱着帮助员工成长的心态，与员工进行沟通，一定要化解员工心中的怒气，减少对公司的负面评价和影响。

有一次，因为工作能力的缘故，我不得不决定终止对一位法务人员的试用。快要下班的时候（请注意，面谈时间的安排需要认真斟酌考量，快下班的时候沟通可以降低员工在上班期间对其他人的影响，避免发生突发事件）我把她叫到办公室，我依次告诉她我的决定、终止试用的原因以及对她未来职业上的一些建议。与她沟通的所有内容，全部都是摆事实、讲道理，没有一个是主观臆测的。最后，我问她还有什么需要我帮助的，在合理范围内，我一定全力帮助她。她听完后非常平静地离开了公司。几天以后，她非常开心地打电话给我，告诉我她已经找到新的工作，被一家网络游戏公司录用了。她在与面试官沟通的过程中，把我在离职面谈中对她提出的一些工作建议，变成自己的工作思路向面试官阐述，面试官对她很满意，当场决定录用。现在她在那家网络游戏公司已经工作快 5 年了。至今，我们还保持良好的关系，我为坦诚与她沟通离职原因而感到欣慰。

2. 合理补偿

我经常看到有的企业，想尽一切办法不按照法律规定支付离职补偿，往往采取各种手段，如故意调整公司上下班时间，故意调整员工工作岗位，故意调整对员工考核激励标准，故意调整员工工作目标，等等，方法五花八门，不一而足，其中不乏知名的上市公司。我常想，企业做到一定规模后，已不是企业家一个人的企业了，背后承载了无数的员工以及员工家庭，企业的价值观在利益面前真的就那么不堪一击吗？

让人欣喜的是，市场上还有很多优秀的企业，在补偿方面做得很好，不仅主动按照法律规定给予员工经济补偿，还额外给予补偿。据媒体报道：2014 年思科中国裁员，即采用"N+7"的补偿方案，具体是"N+3+2+2"。思科在通知员工被裁员后，员工须在 2 周之内签订离职合同，合同中注明双方协商解除劳动合同关系，员工获得"N+3+2+2"

补偿，若该员工未在 2 周内签署离职合同，则只能获得"N+5"的补偿。[①] 我在华为人力资源管理的研讨会上，还听到华为公司对员工离职的补偿做法，即使是主动辞职的员工，华为公司也按照工作年限予以补偿。如果我听到的是真的，那么华为的管理、笼络人心的能力真是可怕。

3. 尊重员工

在员工离职的过程中，管理者需要站在员工的角度多考虑、多帮忙，常见的温暖人心的做法有：

（1）如果是批量解雇员工，公司可以帮助员工寻找下家，多做一些职业规划与指导的工作。摩托罗拉南京基地解散的时候，摩托罗拉公司主动联系了华为、中兴、腾讯、阿里巴巴等高科技企业，同时，还将公司的人才信息与一些城市的猎头公司交流，希望能够利用公司的力量帮助员工就业。

（2）中高管人员离职，大多都好面子，管理者在他们离职的时候，可以交代同事帮助离职人员办理相关的手续，需要到各个部门走流程的事情统统可以交给同事处理，直接将他的离职资料准备好后交给离职人员。尤其是有的高管人员离职会引起公司的内部动荡，管理者更应该与离职人员协商好离职原因以及离职的步骤，将高管人员的离职影响降到最低。

（3）做好团队中在职人员的沟通工作。员工离开团队，特别是短期内有多人离开团队，会对团队在职人员造成负面影响。朝夕相处的同事可能第二天就离开公司，很多员工会揣测与议论员工的离职原因，在

---

① 思科中国 8 月起裁员：补偿方案最高 N+7[EB/OL].（2014-08-23）.http://tech.sina.com.cn/t/2014-08-23/06229570150.shtml.

职员工情感会有所波动。因此，管理者最好在团队成员离职前，召集与离职员工联系最为紧密的成员，召开会议与团队成员沟通，无论是主动离职还是被动离职，管理者可以实事求是将离职原因公布于众，避免团队在职人员胡思乱想。

五、留住需要的人才

冯小刚导演的电影《天下无贼》中黎叔有一句名言："21 世纪什么最贵？人才！"这句话是放之四海而皆准的，特别是对于市场化运作的企业更是如此。好的团队一方面是"铁打的营盘，流水的兵"，另外一方面也是能够留住关键人才的组织。可以不夸张地讲，任何一个员工的离职，都会给公司带来一定程度上的损失，招聘成本、行政成本、人工成本、培训成本、替换成本等，随便一提全部都是成本。如果离职的员工是公司高管或者有经验的老员工，那损失就更大，不仅仅团队工作能力受到损害，可能连团队士气都会受到影响，士气受到影响，想要恢复就难了，这会带来持续的工作效率降低。任何一个团队如果细算员工的流动带给组织的成本，我想数字一定是极为惊人的。

有经验的管理者必定是高度重视团队成员的流动性，特别是大型团队管理者，在人力资源部门的协助下，还会建立起人员流动的分析数据，按月定期对人员流动性进行分析与评估，一旦发现人员流动上升的苗头，会立即采取有效手段将其消灭在萌芽状态。然而，大部分团队管理者都只关注业绩，极少关注人。

我见过一位极为出色的销售总监，负责200多人的销售团队，不仅个人销售能力极强，在团队管理方面也极有想法。有一次她主动找到我，拿出最近她的团队人员流动的数据，专门标示出工作5年以上的老员工的流动情况，她认为团队现在流动性过大，对于团队情绪以及业绩都有负面的影响，必须要采取一些措施来改变这种趋势。在她的坚持与督促下，公司总裁、财务负责人以及人力资源部同事，专门召开会议，来讨论如何降低团队流失率。会议效率极高，各块的负责人都领到各自的任务，负责对相关工作内容进行优化与调整，如销售考核激励政策修订等，取得了异常良好的效果。下面讲讲我在团队用人与留人方面的实践经验。

（一）管理干部的"三用"

我帮助一家公司面试部门经理职位的候选人，其中一位候选人是热门人选，主要因为：

（1）有丰富的行业经验，候选人有9年的从业经验，基本上都是行业中的知名公司，最近一家公司工作时长在3年左右，稳定性还行。

（2）全日制本科毕业（在行业中是正规本科毕业的较少），基本素质较佳。

（3）形象较好，善于交流，适合从事服务行业的工作岗位。

让我有点犹豫的是，该部门的职责范围包括A和B两块，但候选人只有B部分的从业经验，因此，我向候选人提出了两个问题：

其一，"你个人更倾向担任一级部门负责人，全面负责 A 和 B，还是先担任二级部门负责人，先负责 B 业务，等熟悉以后，再成长为一级部门负责人？"候选人的回答是："我的定位就是一级部门的负责人，如果是二级部门负责人，我现在的公司就挺好的，没有必要跳槽。"言谈中流露出较强的优越感。

其二，"如果你的定位是一级部门负责人，能不能谈谈你的部门管理思路？"候选人的回答是："说实话，我没有管理过一级部门，我会按照公司对部门的定位和要求来开展工作。"

不知道你听完该候选人的回答后，会如何决策，是否会录用该候选人？我和面试官商量一番，最后还是放弃录用。主要原因有：

第一，不能准确自我定位。

一般来说，大公司分工细致，缺少全面的锻炼机会，而小公司缺少工作深度，对全局掌控较好。因此，候选人应当对自我能力界限有清晰的认识，强行负责不熟悉的工作，容易导致工作转换的失败。

第二，缺少部门管理思路。

每个人都是从没有经验变成有经验的，要么你先模仿学习，有一定经验后再挑战新工作，要么再不济，也应该先自己研究初步工作思路，而不是等待公司安排。这样的候选人对公司而言风险太高。

第三，候选人情商待提高。

聪明的候选人不会因为自己的老东家比新公司的规模或品牌更大而流露出明显的优越感。还没有进入新公司，就让面试官感觉不好，要知道，很多知名企业员工背后的光环不是个人的，而是平台的。所以，不少人一旦离开了过去的大平台，什么也做不成。

企业经营管理的核心在于管理干部，无论战略规划如何完美，没有优秀的干部队伍，也是不可能成就大事的。不少企业限于困境，未能达到预期的发展目标，大多数问题都出在管理干部上。我认为管理干部使用可以分为 3 种类型：重用、慎用、不用。

1. 重用之前关键在于试用

可以用具体的工作任务，对干部的能力、工作方法与胸怀进行测试。如果一件事情能办好，可以不断扩充工作任务的类型，增加其工作任务的难度，必要时还可以给予挫折，从逆境中观察干部特质。进一步说，如果 3—5 个重要工作任务，管理干部都能较好地完成，就可以考虑赋予其更大责任，例如提升职务、扩大职责范围、带领更大的团队等。总之，只有通过验证的管理干部，才能予以重任。

2. 慎用类型的管理干部

此类干部就是那种常说的"优点很突出，缺点也很突出"的干部，这种干部在某些方面非常突出，或对企业忠诚，或能力出众，或与人为善等；但是也在某些方面存在明显缺陷，或观念落伍，或负面思考，或看重个人利益，或"唯上不唯实"等。对于此类干部，其缺陷决定了不能扩大此类干部的职权、扩大其团队规模，即便是短期内无法替换的，也应限制其发展，除非其能够自我更新与改善。

3. 绝对不用的管理干部

此类干部的某些行为往往是触及了公司的高压线，破坏了公司核心价值观与企业文化。如利用职权谋取私利、对公司同事实施性骚扰、为个人利益牺牲团队利益等。无论此类干部能力有多强，过去贡献有多大，都应坚决、及时予以清除，以免给公司造成更大的灾难。

（二）挽留在员工离职前

管理者对员工离职的问题要有敏感性，员工离职大致都会经历有离职的想法、开始有找工作的行为、向上司提出离职、正式向人力资源部提出离职到最后离职等阶段。离职的阶段越往后，留住员工的难度就越大；换言之，挽留员工的工作越做在前面，留住员工的概率就会越高。因此，管理者应首先注意以下 3 个方面：

1. 员工离职时间点

员工离职的高峰期主要有以下几个时间点：

（1）试用期。员工在试用期是处于极不稳定的状态，不仅仅公司在考察员工是否满足岗位要求，员工也在琢磨公司是否值得他为之奋斗。特别是刚入职的 1 个月，因为工作环境的转变，新员工特别容易出现对新环境不适应的情况，从而导致离职的发生。

（2）工作满 1 年。经过 1 年左右时间，新员工已经熟悉工作职责、公司商业模式，团队文化也基本适应，员工往往会对自己过去 1 年的光阴进行总结，权衡得失，对年度薪酬调整或者职位调整充满期望，如果没有达成自己期望的目标，则会出现不稳定的情况。

（3）工作满 3 年。工作 3 年以上的员工相对流动性将大幅度下降，在 3 年时间点，员工已特别熟悉自己的工作，常常会出现职业疲倦感，缺少职业成就感，若在薪酬与职位方面没有较大的变化，员工也容易出现离职的情况。

（4）团队负责人离职。往往一个团队的核心与灵魂人物都是其负责人，如果负责人离开，更换负责人以后，现有的团队成员不一定能够适应新的管理风格，再加上对负责人离职原因的揣测，如果负责人离职以后盛情相邀的话，团队会出现大量的人员流动。

2. 员工离职的信号

管理者除了在离职高峰期做好应对策略外，还必须关注员工离职前发出的信号。一般来说，员工离职不会没有任何征兆，管理者认真观察就一定会发现不少蛛丝马迹，常见的信号有：

以前工作积极主动，最近经常迟到，对工作漫不经心，工作积极性与状态大不如前；

以前很少请假，最近经常请假，特别是零散的事假特别多；

以前很少浏览招聘网站，最近开始更新简历；

以前经常大声打电话，最近经常接到电话就说不方便，或者直接到会议室、门外等没有人的地方接听电话；

以前与同事聚会不多，最近经常约同事，甚至是已离职的同事聚会；

…………

3. 挽留员工的工作

当管理者发现员工有想要离职的迹象后，应在最快的时间内与员工谈话，找到员工想要离职的真实原因。我在深圳电信工作期间，我的一位上司就有这样的本事，她负责的团队成员，只要任何一个人有异样，她就会立刻找其谈话并找到问题症结所在，化解员工离职的想法。她的一位下属曾经告诉我，不知道她怎么就能看穿自己的心思，刚想有一点动静，就被她的谈话化解掉了。

因此，管理者需要通过面对面的沟通，找到员工离职的真实原因，无论是薪酬、工作、职位、家庭还是其他什么原因，管理者都需要对症下药，在合理的范围帮助员工解决问题。我曾经工作的公司有一位核心员工，因为身体原因，无法坚持工作，她对工作极为敬业，但是身体不允许她继续工作，请了 1 个多月的病假，但仍然没有痊愈，为了不影响公司正常工作，她向公司提出离职。考虑到员工的实际情况，以及过去对公司的贡献，公司管理层讨论决定给予她带薪病假直到她恢复健康，3 个月后她重新走上工作岗位，比之前工作更卖力、更敬业。

对症下药并不意味着管理者挽留员工时没有任何原则和底线。我曾经有一个下属，极为能干，也是我重点培养的对象，不但每年加薪，职位也不断提升，但因为公司办公室装修，她向我提出希望请假几个月，因为她对装修味道过敏，对于这样的请假理由，我实在没有办法同意，所以即使是再优秀的员工，最后我也只能让她离开。

（三）不轻易裁员

我的一位老领导告诉我，员工是公司宝贵的财富，特别要重视工作超过 2 年的员工。因为一般来讲，工作时间不到 2 年的员工，基本上还处于熟悉公司、熟悉工作的阶段，公司对员工也还处于培养的阶段。但是工作超过 2 年的员工，这个时候就开始给公司做出贡献和价值了，员工在这个节骨眼离开公司，是不是挺可惜的？不管是 2 年还是 1 年，还是其他的时间点，对于一个团队而言，如果经营能力还可以承受的话，不到万不得已，尽量不要采取裁员的方法。处理人力成本过高或者人员冗余常见的方法有：

1. 调低薪酬
大多数企业在面对危机的时候，为了保存实力，不得不大力地降低成本，因为人力成本容易调整与控制，裁员往往成为企业的选择。但是，目光长远的企业会看到，危机只是暂时的，冬天始终会过去，因短期受挫导致人才的流失，将会失去企业的未来。《华为基本法》第七十条规定：公司在经济不景气时期，以及事业成长暂时受挫阶段，或根据事业发展需要，启用自动降薪制度，避免过度裁员与人才流失，确保公司渡过难关。因此，不少知名企业会将企业面临的困境与挑战向员工公布，告知员工采取降薪策略的必要性与紧迫性，同时，管理者带头从上往下自愿降薪，并承诺当企业运营恢复到一定阶段，员工的薪酬将恢复如前。

2. 工作分享

可以通过重新调整付薪工作时间，实现企业不裁员。简单来说就是，原来是 1 个人干的活，现在变成 2 个人干，或者原来是全日制的工作岗位，调整成为非全日制的工作岗位，从而可以安排更多的人就业。国外一些大型企业在面临困境时，就采用此种方法。就企业而言，这可以降低人力成本的支出；对于员工来说，有的员工肩负照顾家庭与小孩的责任，本来就希望工作时间能够灵活或者缩短，对降低工资收入并不在意，这样做可以有效实现企业与员工的双赢。

3. 人力分享

对于某些特定行业而言，经营具有较为明显的季节性，全年只有一部分时间可以用于生产经营，到了企业经营的淡季，考虑到人力成本的问题，不得不裁减大部分员工，到了旺季又拼命重新招聘。对于此类行业的企业人力资源管理，可以采用人力分享的机制，寻找一家与自己企业生产经营模式在人力资源利用上互补的企业，自己闲时刚好对方可以使用人才，甚至双方还可以共同招聘、共同使用人才，从而实现人力分享。以广州的《南方都市报》的送报队伍为例，他们的送报团队每天早上送完报纸后，其他时间就空闲下来了，总不能今天裁员明天再招聘吧。《南方都市报》经营管理团队就琢磨，既然送报队伍覆盖了广州绝大多数地方，那么可以为其他商家提供物流服务，员工不仅有更多的事情做，还增加了个人收入。因此，《南方都市报》送报队伍开展诸多服务，例如送水、送牛奶，甚至当当网广州图书都是由《南方都市报》负责配送。

4. 内部转岗

因为业务调整的原因，企业人员冗余，管理者可及时做出调整的决策，将人力资源调整至一线面对客户的岗位上，既降低了业务调整人员流动的阵痛，还能够降低人力成本支出，减轻企业经营管理的压力。我曾经负责过一个事业部裁撤工作，因为企业战略规划调整，公司决定停止某事业部全部业务。事业部团队成员有 20 多人，为了避免给公司带来损失，我提前对事业部的团队成员进行慎重安排。所有愿意留在公司的员工，全部给予转岗的机会，每人可以选择最多 3 个部门的工作机会，经用人部门面试通过的，即转岗；对于不愿意留在公司的，或者未能通过面试的员工，公司给予相应补偿。短短 1 天的时间就完成该事业部人员调整。最让我开心的是，当时一位转岗的同事，经过自己的持续奋斗，已经从普通销售人员成长为分公司总经理。

（四）撤掉无法留人的干部

如果管理者建立起团队流动性的数据体系，用数据来分析问题的话，你会发现不同团队的人员流动情况大相径庭，差异极大。有的团队成员极为稳定，引入一个新人很快就能上手，团队业绩也较为稳定；相反而言，有的团队流动性大，新人存活率极低，很少有能够顺利度过试用期的，业绩主要靠团队负责人。

我就见过类似的团队负责人，其管理的团队不是特别大，不超过5个人，团队规模要扩大，不断招聘新人也不断流失新人，最为夸张的是，一个月进来5人走掉5人。因此，对此类团队负责人，管理者应当做出及时的调整，以降低对团队资源的消耗。管理者可以根据不同的情况，对团队负责人进行调整。

1. 业务能力突出，不愿意带团队

常言道：强扭的瓜不甜。在团队中，一个业务能力突出的人，常常会被任命为团队负责人，公司期望他能够复制出一批和他一样的团队成员，但却从来没有认真考虑过他的价值观。他的追求是什么？和团队的追求是一致的吗？往往是提拔上来一个负责人，结果毁掉了一个团队。对此，团队应当建立起专业成长通道，让这些不愿意带团队的业务高手能够不断超越自我，同样是为团队做贡献。

2. 业务能力突出，愿意带团队

这种团队负责人属于心有余而力不足，想要管好团队，但是又无法打造一个强有力的团队，不过有团队管理的意愿总比没有的好。管理者必须对负责人的团队管理进行干预，冻结团队人员规模，可以建立对团队管理成熟度的评估，其中人员流动性、团队成员满意度等指标可以作为评估的重要标准，待团队成熟度提升后再扩大团队规模；同时，还可以针对负责人的管理能力进行培训，安排其参加团队管理与建设的培训，要求其定期汇报团队管理学习与建设的经验，帮助其提高管理能力。

3. 业务能力不足

对于由业务能力不足的负责人带领的团队，一般都不太可能产生突出的业绩，团队成员对负责人也不会信服，只会认为负责人是耍手段或者碰运气才走上了管理岗位，对团队士气会有极大的挫伤。因此，管理者必须下定决心免去此类团队负责人的职务，将其重新放在业务一线锻炼，待业务能力提升后再竞争上岗。

第二章

建规则——理性让团队
走得更快更远

先秦法家代表人物商鞅说："圣王者不贵义而贵法，法必明，令必行，则已矣。"

别告诉我你会带团队：
不是所有人都可以成为**年薪百万的管理者**

我常常感叹麦当劳的管理能力，麦当劳成立于 1954 年，全球员工大约 42 万人，2015 年营业收入为 254.123 亿美元，全球 119 个国家共有 36525 家餐厅，其中特许经营餐厅数量为 30081 家，自营餐厅数量为 6444 家。[①] 从事餐饮行业没有太多技术含量，为客户提供服务的员工大多是兼职人员，但麦当劳却能在全球范围保持服务水平与产品质量的一致。因此，有人评价麦当劳是用一流的流程武装三流的人才，所以才能够取得今天这样的成绩。

企业未能建立有效的管理体系，原因无非有二：第一，管理者不懂得如何管理一个团队，也不懂应当建立哪些最基本的管理规则，团队内部管理长期处于混沌、模糊的状态，工作缺少标准与流程，想到哪儿做到哪儿，这是中国大部分企业的现状；第二，管理者不愿意建立团队管理规则，原因很简单，团队管理规则的建立，本质上就是限制管理者权力的过程。一般而言，有效的管理规则越多，管理者的权力就越受到制约，这与没有管理规则相比较而言，当然没有管理规则对管理者更好，在没有规则的情况下，一切事务都是管理者一个人说了算。

所谓企业没有建立相对完善的管理规则体系，不仅仅指企业没有建立管理规则体系，还包括了企业建立的管理规则体系质量不高。我与一些企业管理者交流沟通时，他们告诉我，他们企业的管理体系极为完善，甚至有的企业还专门设置了管理体系建设的岗位负责该项工作。单从管理规则数量以及涵盖的范围来看，表面上有管理规则，但质量不高，规则之间存在矛盾与冲突，规则更新不及时，规则设定纷繁芜杂，业务流转过程极为复杂。这样的管理规则体系非但没有起到应有的作用，反而降低了企业内部的工作效率，制约了内部生产力的发挥。

---

① 数据来源于麦当劳 2015 年年报。

接下来，讨论一下团队管理规则建设的五个关键点：团队底线、组织管理、制度流程、会议体系与有效决策。

一、不可触碰的团队底线

（一）坚持核心价值观

每个团队都有自己独特的价值观体系，也许是写在纸面上，也许是停留在员工心中，不管哪种形式，都属于团队成员应当遵循的行为准则。以阿里巴巴的核心价值观为例，其在内部被称为"六脉神剑"，即客户第一、团队合作、拥抱变化、诚信、激情和敬业。阿里巴巴每位员工的任何行为，均应以"六脉神剑"为最高行为准则。我的一位朋友曾经在阿里巴巴浙江电话销售团队工作过，他告诉我，阿里巴巴内部高度重视核心价值观。以电话销售团队管理为例，一般不都要求员工每天拜访多少位客户嘛，大多数企业都是有书面上的要求，而无管理上的要求。阿里巴巴并不认为价值观可有可无，为此他们专门组建了一支督查队伍，对电话销售人员的拜访记录进行抽查，电话销售人员只要有一个拜访记录是作假的，无论过去为公司做出什么样的贡献，都属于严重违反核心价值观，一律开除。据说因为客户拜访记录作假，浙江电话销售团队开除过年销售额超过千万元的员工。因此，对于之前闹得沸沸扬扬的"阿里巴巴员工刷月饼被开除"事件，也就不难理解。

核心价值观作为团队底线标准的好处是，可以有效弥补管理体系不足，可以解决层出不穷的新问题、新事物的挑战，可以起到兜底条款的作用。需要注意的是，在判断团队成员是否遵循公司的核心价值观时，有普查和抽查两种方式。这是两种完全不同的管理逻辑，前者认为大多数人都是坏人，需要严格管理；后者认为大多数人都是好人，只要找出少部分"害群之马"即可。一般来说，公司规模越大，越需要专门的机构、人员与管理模式来支撑检查工作。这两种管理模式在市场上都有各自不同的拥护者。

采用普查方式的公司比比皆是，例如有的公司组建专门的机构负责公司内部各项工作的稽查，稽查的内容不仅仅包括了价值观，也包括对公司业务流程以及合规经营的审查，对不符合公司内部管理要求的行为予以曝光与处理，有点类似于内部审计部门。个别公司稽查细致到员工是否正常考勤、员工入职的学历档案真伪的程度。在这种管理方式下，负责稽查的人抱着"宁可错杀一千，不可放过一个"的理念开展工作，权力极大，可以随意干涉业务部门的各项工作，表面上公司对员工管控到位，管理精细化，但是实际上，过犹不及，将会引起业务部门的极大反感，降低员工的积极性与创造力，每个员工宁肯少做、不做，也要符合流程规范。这种情况下，员工关注的不是如何为公司创造价值，而是如何在组织中更好地生存，如何推卸责任，这样的组织最适合雇佣机器人，而不是人。

更多聪明的公司采用抽查方式，抽查方式不是阿里巴巴的专利，其思路与逻辑最早源于生产经营，发端于质量管理，现已广泛应用于企业管理，甚至于日常生活。2013年我在北欧旅游的时候，就发现丹麦、挪威不少城市的轨道交通都是采用抽查的验票方式，他们认为真正乘车不买票的人是少数，大部分人还是讲诚信的。因此，当你在哥本哈根、奥斯陆等北欧城市乘坐地铁或者火车的时候，居然没有人检票，乘客进出车站，上下列车的效率极高。但是时不时，你会遇到抽查车票的工作人员，一旦发现没有买票，除了要被记录个人不良信用外，还要被处以高达 5—10 倍的车票罚款。这种管理模式不仅仅降低了组织的管理成本，而且还非常巧妙地向人们传递了诚实信用的理念，从理念到行为管理达到完美的统一，值得中国的企业好好学习。

（二）细化核心价值观

有的企业核心价值观过于粗放，有的企业甚至没有核心价值观，我建议这些企业或者团队都应该在核心价值观的基础上，进一步细化与完善关于团队底线的规定。一个组织中，员工犯的错可以分小错误和大错误（包括违法犯罪的行为），后者往往属于触碰团队管理的底线。我曾经见过不少类似的事情，个别人为此付出了沉重的代价，最终身陷囹圄。很多时候，员工出现这些问题，常常是因为团队管理中缺失了对员工进行团队底线的教育与宣导，员工不知道自己做的事情违反了团队底线，甚至过去大家一直都是这样做的，整个团队都是如此。

我曾经工作过的公司就出现过类似的案例。一个非常偶然的机会，公司发现内部有员工利用公司的资源挣钱，挣的钱全部进入了个人的腰包。公司安排我调查处理此事，我发现要在公司内部干成这样一件事，一个人是不可能完成的。于是我找其中的一个人谈话，他是公司非常器重并重点培养的业务骨干。刚开始的时候，他闭口不谈，完全否认，经过一番沟通，我让他回去想一晚上，并告诉他如果第二天没有得到我想要的东西，这个事情就会变得更加复杂，他未来付出的代价也会更大。第二天一早，他来到办公室找我，将全部事件和盘托出，承认全部错误，鉴于他对错误认识到位以及退款及时，也考虑到不影响他未来的前程，公司仅对涉及事件的人员开除处理。后来，我问他为什么要做这些事情，他告诉我，过去他的上级也这么做，整个团队氛围与文化就是这样的。

因此，对于一个团队而言，必须要将团队底线通过文字呈现出来，并持续加以宣导，才能减少员工触碰团队底线的情况发生。下面就是我曾经工作的公司对廉洁从业的价值观的细化表述：

关于廉洁从业的六条规定

为深入贯彻落实公司发展目标和要求，维护公司合法利益，防止个人利益与公司利益冲突，杜绝关联交易，确保公司正常的经营秩序，根据国家有关法律法规和公司经营要求，经公司总经理办公会研究决定，制定关于廉洁从业的六条规定，请各部门组织员工认真学习，并遵照执行。

一、严禁公司员工个人经营或与他人合伙、合资经营与公司有业务关联的业务，特别是公司经理及以上人员本人不得参与经营公司的采购、广告、业务外包等业务。

二、严禁公司员工的直系亲属开办或参与开办与公司业务有直接关联的经营机构，特别是公司经理及以上人员本人的直系亲属不得开办或参与开办与公司采购、广告、业务外包等业务有直接关联的经营机构。

三、严禁公司员工利用工作之便谋取个人私利，损害公司利益；特别是公司经理及以上人员本人不得利用职务之便在公司采购、广告、业务外包等方面为个人谋取私利。

四、严禁公司员工利用企业的商业秘密、知识产权、业务渠道为本人或者他人从事牟利活动。

五、严禁公司经理及以上人员利用职务上的便利从事有偿中介活动。

六、严禁公司经理及以上人员滥用职权、谋取私利、有损害或可能损害企业利益的其他行为。

各部门要按照公司有关规定，对与公司有关联业务关系的经营行为严格管理，加强监督，完善制度，落实责任，推进公司运营体制不断完善。凡违反上述第一至第六条规定之一的，一经核查属实，属严重违反公司规章制度行为，经理及以上人员免职并解除劳动合同，员工解除劳动合同。若触犯国家法律的，将依法移送国家司法机关处理。

本规定自下发之日起执行。

（三）贯彻核心价值观

团队底线如果只是写出来，没有深入到团队成员的骨髓中，没有变成团队成员的行为准则与规范，这样的团队底线是没什么用的。因此，管理者至少要做到以下 3 个方面：

1. 培训

在新员工入职培训中可以增加团队底线内容的培训，不同的公司叫法不同，有的叫"红黄线管理"，有的叫"高压线管理"，不管叫什么，都需要让员工即使不看具体内容，光从名字上也能知道个七七八八。培训过程中，管理者辅之以实际案例，特别是过去在团队中发生的具体事件，这样会让新员工深入理解与认识。为了让培训能够进一步深入人心，管理者还可以在培训结束后，与员工签订遵守团队底线的承诺书，一式两份，用正式的方式告诉员工团队底线的重要性，加强员工对团队底线的重视程度。

2. 考核

团队底线需要管理者反复讲、经常讲，才有可能深入到员工内心之中，管理者不可能干巴巴来讲，因此，作为定期回顾的绩效考核工具，就非常适合团队底线的宣贯。在绩效评估中，可以增加对团队底线履行情况的评估，评估的基础是由员工提供与之价值观吻合的具体案例，作为上级评估的依据。例如对价值观的考核规则是员工围绕公司价值观"感恩、专业、尽责、合作、超越"5个方面的表现进行自我评价，自我评价应举出具体事例证明，且所举事例应与工作相关，描述应简明扼要，事例由员工本人填写后，上级结合员工的自我评价予以评分。参考评价标准如下：

16 ≤ 价值观得分 ≤ 20，非常符合公司价值观，能举出5件以上分别体现不同价值观的突出事例；

12 ≤ 价值观得分 < 16，符合公司价值观，能举出至少3件体现价值观的事例；

8 ≤ 价值观得分 < 12，基本符合公司价值观，能举出至少1件体现价值观的事例；

价值观得分 < 8，对企业价值观的实践急需加强，能举出至少1件违背价值观的事例。

通过这种方法让团队价值观在员工每月自我回顾中不断强化，久而久之，团队底线或者价值观才能真正成为员工的行为准则。下面我们来看一位员工对自己价值观的践行情况的描述。

感恩：本月要感恩的有两点，第一，××部门大力支持我的招聘任务，大大减轻了我的招聘压力，对于我一个人负责他们部门招聘和负责的工作量表示理解，并且非常配合我的每一项工作；第二，本月参加了公司的外训，对薪酬制定和绩效考核有了不一样的理解，很感激公司这次的安排，让我学习到更多。

专业：本月参加了薪酬绩效的课程，让自己这个人力资源理论新手，逐渐了解更多、懂得更多。

尽责：4月份的工资由财务部核算，其中有错漏，导致有的员工没有拿到绩效工资和提成，在获知情况的第一时间，马上核实，并且补发，另外，会时刻关注××销售人员的业绩情况，协助××更好地管理团队。

合作：在月初收集绩效时，与业务部、财务部、运营管理中心和人力部门的同事一起合作，按时完成了数据的收集整理。

超越：在得知中层员工离职后，与××一同前往广州进行疏导和安抚，后期协助原广州运营部全体调整至IT互联网事业部。

3. 宣传

管理者在执行团队底线的过程中，必须不定时地将好的榜样和坏的典型及时向全体员工公布，让大家知晓什么样的行为是公司提倡的，什么样的行为是公司反对或者禁止的。通过公司正式渠道发布，能够更好地在公司层面统一价值观认识与判断。

二、人人有事，事事有人

管理者在做好价值观管理的基础上，应当高度重视组织管理，不同的管理者对组织管理的定义虽各有不同，但都需要站在更高、更远的角度来思考组织管理问题。在我看来，组织管理要解决好一个团队的效率与有效性问题，这涵盖了一系列管理命题的设计，主要有组织架构设计、工作岗位设计、职责权限设计等，设计的最终目的是要达到人人有事做，事事有人做，没有重复，没有遗漏，效率最佳，资源最省。组织管理是顶层设计，也是一个团队的基础设施建设，与谁来做这些事情是没有任何关系的，基础设施建设越完善，它就越能够帮助团队更好地分配工作，更好地使用员工，人力资源的价值才能更好地发挥出来。这好比每个人都拥有一辆汽车，但是在没有进入高速公路之前，汽车在一线城市的 CBD（中央商务区）行驶速度一定不快，不太可能发挥出汽车的最佳性能。

（一）简化组织架构

　　组织架构是管理者在组织管理上面临的第一个大问题。一般来讲，大型企业的组织架构设计因其管理成熟，管理人才较多，组织架构出现问题的概率较小。但是，中国的中小企业则完全不同，组织架构问题多多，最为常见的问题是组织架构复杂，一个 200—300 人的公司，内部的部门设置常常超过 15 个。造成这一现象的主要原因是管理者缺少对组织架构的通盘考量，想起来某项工作没有人负责，就增设一个部门，甚至本来只是一个岗位的工作，却专门配置了一个部门来管理。有的公司要重点抓项目管理，考虑到项目管理在技术部里面无法实现自我监督，所以要从技术部门中脱离出来，结果专门成立了一个项目部，其实整个部门就一个岗位，一共两个人。如果按照类似的逻辑，财务部门岂不是也要将会计与出纳拆分成为两个部门。就这样，公司组织架构图上的部门越来越多。

　　从管理实践的过程来看，当一个团队的组织架构复杂化后，将直接导致内部的沟通成本以几何数量级增加，跨部门协作的难度与挑战不断提升，完成多部门协作的项目或者工作需要沟通的对象越来越多。当一个部门完成建制工作后，麻雀虽小五脏俱全，只要是个部门就可以对公司提出各种各样的资源需求，例如人力资源配置、财务资源配置，公司还要对部门实施目标管理、绩效考核。可以预见的是，组织架构越来越复杂的团队，无论管理成本还是财务成本都将大幅度攀升。对于大部分中小企业而言，在满足业务增长的前提下，简化组织架构就成为管理者必然的选择。

　　对于一般的中小企业，应当采取扁平化两级管理方式，以提升管理效率，具体分为专业线、部门、小组 3 类，以我曾经工作的一家公司为例，我对组织管理的要求是：

1. 专业线是虚拟的组织架构，管理者根据各部门承担的经营责任和工作性质的差异，将部门划分为三条线：销售运营线、产品技术线及职能支持线。公司将对不同线的部门实施差异化的考核与激励政策，按照精简、有效、清晰的原则设置各级部门。

2. 各部门最多采用二级组织架构方式管理，不得设置三级组织架构，即从总裁至一线员工的层级最多不超过4层。但人数较多的部门，如部门人数超过100人的，在合理设计职位与分工的基础上，可以根据工作需要在二级部门下设置组。一级部门对应总监级，二级部门对应经理级，组可以对应主管级。

3. 销售运营线的业务部门采用独立核算的方式设置部门，按照收入规模分为A、B、C三个等级，分别对应公司副总裁级、总监级、经理级，具体标准由公司另行规定。

4. 各专业线内设一级部门的规范名称为"×××事业部"或"×××中心"，其二级部门规范名称为"×××部"。为便于业务开展，各级管理者对外沟通交流可以根据实际情况，印制名片时可以优化职位名称，但须经直接上级与人力行政中心同意。

（二）拥抱岗位设计

一般高校的人力资源管理专业课程，都会设置一门名为工作分析的专业课，其课程主要教授学生如何对工作岗位进行写实性的描述，将工作岗位具体的工作职责，甚至将岗位的核心流程与工作要点总结出来，核心目的是试图找到该项工作最高效的作业方式。工作分析最早来源于泰勒的科学管理，他认为科学管理的根本目的是谋求最高劳动生产率，最高的工作效率是雇主和雇员达到共同富裕的基础。要达到最高的工作效率的重要手段是用科学化、标准化的管理方法代替经验管理，其中最为重要的就是工作分析，即通过科学的观察、记录和分析，致力于"时间动作研究"，探讨提高劳动生产率的最佳方法，制定出合理的日工作量。

然而，在现实团队管理中，需要的不仅仅是工作分析，更为重要的是岗位设计，因为工作分析的前提是已经有了具体的工作。如果工作岗位的设计不是最优的，那么职责划分就会出现问题，要么遗漏，有的重要的事情没有人做；要么重复，同样的事情在不同的岗位都在做，容易出现冲突与矛盾。大多数的团队管理者还没有认真思考清楚岗位设计的问题，从管理实践出发，设计必须要考虑到以下几点：

1. 工作效率

获得诺贝尔奖的经济学家科斯教授，在解释交易费用如何产生企业的理念中指出：当市场交易成本高于企业内部的管理协调成本时，企业便产生了，企业的存在正是为了节约市场交易费用，即用费用较低的企业内交易代替费用较高的市场交易。工作岗位的设计也是如此，对于完成一项工作而言，如果从开始到结束都在一个岗位上完成，远比将这项工作分解到两个岗位上更加有效。以人力资源的岗位设计为例，针对考勤统计这项工作而言，不同公司对这项工作分工有所不同，有的公司将其分工至人事岗位，有的公司将其分工至薪酬岗位。从协作的角度来讲，后者要比前者好，原因是薪酬核算中的输入项有一个就是考勤数据，如果考勤统计和薪酬核算合二为一，远比分开协作更加有利。

2. 眼光长远

岗位设计必须要有前瞻性，管理者应当紧跟业务发展的变化，岗位设计应当与时俱进，以前没有的岗位，并不代表现在不应该有。举例而言，在偏媒体属性的互联网公司，内容团队一般都会设置编辑岗位，如果互联网公司发展到一定的阶段，在编辑岗位中还会出现进一步的细分，例如会出现首页编辑（因为首页对流量的影响比较大，必须有专门的编辑人员对首页内容进行筛选与策划）、流程编辑（编辑团队人数较多的时候，公司需要进一步对内容编辑的选题、规范与标准予以明确，因此可以配置专门的编辑人员负责该项工作）。管理者可以不定期对基础岗位进行审视回顾，我在过去不仅仅将现有的工作岗位梳理出来，还将公司未来可能出现的基础岗位研究出来。

3. 相互制衡

岗位设计应该可以通过设计实现岗位与岗位之间相互制约的目的，最为常见的例子就是会计与出纳岗位的分离。通过将同一工作流程拆分到不同岗位，可以大幅度降低员工犯错的概率，这个角度主要考虑的不是工作效率问题，而是公司的经营风险问题。

我在一览网络工作时，公司组建了专业的 IT 互联网事业部为客户提供人才招聘服务，主要模式采用项目组的方式，其中项目经理负责客户开拓以及人才交付工作。在这种模式下，当一个项目经理工作成熟以后，他既掌握了客户资源，又掌握了人才资源，这样就可能出现带着客户资源和人才资源，从公司跳出来单干的情况，该项业务的经营风险极高。因此，公司把项目经理的工作拆分为两个：一个是客户开拓，一个是人才交付。两个岗位相互配合，既能发挥专注与专业的优势，又能降低公司经营风险，很快就成为人才招聘项目岗位的标准配置。

4. 员工成长

岗位设计应当兼顾员工的职业成长，可以将同属于一个大类的工作，归到一个岗位上，赋予在这个岗位工作的员工更多挑战与成长空间。

我以前就职的互联网公司在网页设计师岗位定位上，没有简单将其定位为美工，最开始的时候赋予其美工的工作职责，随着公司业务发展的需求，公司开始将动画设计、视频设计、SEO优化（搜索引擎优化）、前端开发等工作职责不断赋予网页设计师。结果发现，对网页设计师的重新定位，使得网页设计师的流动性大幅降低，因为其工作岗位职业成长的空间极大，在该公司要成为一名优秀的网页设计师要比在其他公司的同样岗位得到更多的学习与锻炼的机会；此外，实现了提升人力资源质量后，相应降低对人力资源数量的要求，员工工作能力全面系统，员工之间相互可替代性增强，对员工的工作起到积极有效的作用。

三、用制度流程武装团队

前面我提到过，团队与团队之间的差别在很多时候都是制度规范的差别。在实践中，不论管理者的思路如何清晰，方法如何好，也不管下属做事情如何到位，一旦换了管理者或者换了执行者，大部分时候都会出现走样的情况。对制度流程建设而言，它不仅仅是管理者建立"内部法律"的过程，更是一个总结提炼团队内部最佳实践的契机，也是对管理者自我权力约束、将团队内部实践过程中的隐性知识沉淀下来的最佳工具。

实践中，相当多的团队管理者不擅长制度流程建设，处于农牧春耕时代，不懂得利用与发挥制度流程的威力，被上司逼急了，经常采用偷懒的方式从百度上随便下载一个类似文档，改改标题、公司名称、部门名称，就作为自己团队管理与实践的依据，这种做法是百害而无一利的。现在我就来谈谈好的制度应该是怎么样的，该如何进行制度流程建设，并实现对团队内部的知识管理与经验传承。

（一）好制度长啥样

管理者经常谈一个组织的制度建设，但很少会去研究什么样的制度是好的制度，好的制度应该具备什么样的特征。如果不搞清楚这个命题，就只是为了制度建设而设计制度，不能避免制度建设中经常会出现的错误，制度建设的效能将会大打折扣。从管理实践来看，我认为一个好的制度应具备以下几个特征：

1. 体系化

管理者首先要考虑的就是制度建设的体系化，体系化有两个层面的含义。

（1）职能制度体系化。职能是由多个职责构成的统称，管理者可从负责的职能出发，梳理出能够涵盖职能的制度清单，这些制度共同构成了该项职能的制度体系，制度与制度之间能够有效地衔接，实现对具体职能的全面规范与有力支撑。举例而言，人力资源管理就是职能，而招聘、培训、考核、薪酬、劳动关系等属于职责，这些职责共同构成了人力资源管理这一职能。因此，我们建立人力资源管理制度体系，应当包括职能下面的具体职责，不遗漏，不重复。

（2）职责制度体系化。以人力资源管理中的薪酬管理职责为例，不同的逻辑可以有不同的制度体系建设，假如以员工为对象作为制度建设的逻辑，员工可以分为正式员工、退休返聘、兼职人员、劳务派遣等各种类型，那么制度体系可能是员工薪酬管理办法、退休返聘薪酬管理办法、兼职人员劳务费用管理办法、劳务派遣劳务费用管理办法等；假如以制度规范与约束的对象作为制度建设的逻辑，薪酬管理一般有固定工资、绩效工资、销售提成、年终奖、期权股票等各种对象，制度体系可能是员工薪酬管理办法（涵盖固定工资、绩效工资、年终奖）、销售人员考核激励管理办法（涵盖销售提成）、员工长期激励管理办法（涵盖期权股票）等。因此，无论是职能，还是职责，只要管理者能找到适当的逻辑分类基础，就可以建立一个相对完善的制度体系。

2. 专责化

专责化的意思不是指由专门的机构或者人员来负责团队所有的制度建设工作，而是恰好相反，谁负责工作就应该由谁来负责制度建设。在实践中，大家会发现有的管理者很重视制度建设，为加快推进制度体系建设的速度，在公司内部专门设置了岗位，甚至还有专门的机构来负责该项工作。我认为这样做完全是本末倒置，舍本逐末，问题很多，最为常见的有两个。

（1）制度建设纸上谈兵，不符合实际。因为企业内部设置了专职岗位，很自然地，企业内部的制度都是由其负责制定。一个企业要正常经营运作，制度建设的职能模块必定会涉及销售、技术、产品、生产、市场、人力、财务等诸多方面，制定者能够精通或熟悉一两个模块就已经很不错了，不可能熟悉企业内部所有业务。因此，制定制度的过程就变为依靠百度和书本的过程，COPY（复制）+ PASTE（粘贴）也就成为制定者主要的工作方式，制定出来的制度要么会有遗漏，出现一些关键制度的缺失，要么不符合企业实际情况，规则与流程设计极为复杂，工作效率极低。

（2）直线管理者责任缺失，成长缓慢。因为企业内部设置了专职岗位，直线管理者常常会放弃自身对业务管理规则制定的责任，一提到制度建设的工作，全部推给专职岗位，好像和自己没有任何关系；或者有的直线管理者也曾经想要自己来制定制度，但考虑到公司还有专职岗位，如果要针对自己的业务范围建立规范，还要和专职岗位沟通协调，一想到这儿，直线管理者往往放弃烦琐的沟通协调工作，多一事不如少一事。在这样的情况下，不仅仅直线管理者丧失了宝贵的锻炼机会，企业制度建设的速度也会相应慢下来。

3. 动态化

管理者必须认识到，制度建设不是一蹴而就的，而应与时俱进，不断根据企业的发展阶段加以更新与完善，才可以实现对企业经营工作的支持，而不是一种制约。我的一位领导曾经说过一句话："管理制度是有环境与条件的。"他的意思是，所有的管理制度都适应于某个特定的环境，或者在某个条件下才能起作用。因此，管理制度建设不能照搬照抄，必须综合考量企业发展的阶段、现实的资源条件、组织的文化氛围等多个因素后，才能制定或者修订适应企业发展的制度。

以广州市住房公积金的贷款政策修订为例，大家都知道公积金贷款是对除首付款以外的购房款全额贷款，其贷款成本远比商业银行贷款成本低。正常情况下，普通市民更愿意选择用公积金贷款的方式购房。《南方都市报》在 2014 年 9 月份报道：当年广州市公积金再度"入不敷出"，本年度结余额为 −29.84 亿元，广州市住房公积金管理中心表示，今后"限额放贷"的轮候方式将会是常态。[①] 这意味着，市民在广州市生活，不仅是买房限购，连申请公积金贷款都需要限贷，至少是需要排队才能申请到公积金。广州市住房公积金管理中心的表态引起轩然大波，一时间批评与反对声浪接踵而至，广州市住房公积金管理中心承受了非常大的社会舆论压力。要知道在房价上涨过程中，排队等候等来的可能就是购买成本的上升。

从一般意义的理解而言，广州市住房公积金管理中心完全可以按照过去的惯例，继续实施以往的公积金贷款政策，因为都是广州市相关政策规定的，这样操作虽然面临较大舆论压力，但是没有风险，不过也没有解决市民公积金贷款的需求问题。可喜的是，广州市住房公积金管理中心没有因循守旧，而是与时俱进，大胆创新，对公积金贷款制度予以修订。2015 年 10 月，广州市住房公积金管理中心推出了贷款新政：2015 年 10 月 26 日起实施《广州市住房公积金贴息贷款实施办法》，符合公积金贷款条件和受托银行商业性个人住房贷款条件的缴存职工可申请住房公积金贴息贷款。商业银行利用银行资金向符合住房公积金贷款及商业银行个人住房贷款条件的借款人发放贴息贷款，借款人按商业住房贷款利率向银行支付利息，贴息贷款与公积金贷款之间的利息差额由

---

① 罗苑尹，邓艳珊 . 广州公积金首晒细账 再度出现入不敷出 [N]. 南方都市报，2014-09-03.

广州市住房公积金管理中心按月支付给购房贷款人。[1] 广州市住房公积金管理中心这招着实巧妙，既满足了市民对公积金贷款的需求，又有效解决了公积金余额不足的问题，其动态化更新管理制度、创新性解决问题的思路值得企业管理者借鉴。

4. 简单化

我一直坚信管理制度只有简单，才有可能容易理解，才有可能执行到位，才有可能落实到位。然而在管理实践中，往往不是简单明了的管理制度，反而是烦琐、复杂的管理规则。以一家公司的考勤管理制度为例，对于常见的迟到处罚，该公司的考勤制度是这样规定的："全勤奖金迟到核算，第三次 15 分钟以内扣除全勤奖 80 元，第四次 15 分钟内迟到扣减考勤奖金申请中请假部分奖金或剩余奖金，如果当月请假奖金为零，则从第四次开始（含第四次）按 30 分钟以下（不含 30 分钟）的迟到计 0.5 天旷工；第一次 15 分钟以上 30 分钟以内迟到扣除全勤奖 80 元，第二次 15 分钟以上 30 分钟以内迟到扣除请假部分奖金或剩余奖金，如果当月请假奖金为零，则从第二次开始计算 0.5 天旷工，超过 30 分钟以上（含 30 分钟）按 0.5 天旷工计算（不再重复计算迟到次数）。迟到 3 个小时以上（含 3 个小时）按 1 天旷工计算，特别地，实习生每次迟到扣减 30 元。"各位，当你看到这样的管理制度，你会有什么样的反应？恐怕看都看不懂吧。

管理者经常会犯一些常识性的错误，理想化地以为管理制度只要颁布以后，员工就可以落实与执行到位。事实是怎么样呢？制度文件公布以后，不一定有人看，看了不一定能够理解，理解了不一定能够执

---

① 田姣. 广州公积金贴息贷款今起落地 [N]. 南方都市报，2015-10-26。

行，执行了不一定执行到位。可见，一个管理制度从设计到落实到位中间存在无数的衰减环节，每个环节都可能降低制度贯彻落实的效能。因此，管理者要追求简单极致的制度建设。

（二）流程管理出效益

流程是唯一能够将战略转化为行动的渠道，或者说要将"说的"转化为"做的"唯一的出路就是在"说的"（目标）与"做的"（结果）之间建立一个实施流程。流程管理在管理中有着非常高的地位，一家企业可以没有管理制度，但是一定会有业务流程，不一定是书面的流程，但一定隐藏在做事情的惯例和员工的习惯中。一个组织的工作效率极大程度上受到流程的影响。

我刚到一家公司工作不久，有业务部门的同事向我投诉，公司名片印刷流程极为复杂，他告诉我他曾经向行政部门申请印制名片，结果1个月以后才拿到名片。我听完震惊不已，一个市场化运作的公司怎么可能工作效率如此之低，我立马向行政部门同事了解情况，行政部门同事将名片印制的流程给我解释了一遍：员工申请印制名片一共需要5个环节的审批，依次经直接上级、市场部、设计部、总裁办、行政部审批，由行政前台每周下单给供应商。其中主要耽误的时间在设计部门，因为设计人员经常堆积多个员工名片放在一起设计，设计完成以后还需要让员工再进一步确认，员工反馈不及时，这样时间就耽误了。如果是外地同事申请名片，等申请下来那就更不知道猴年马月了。

你看，员工解释以后的结果就是：不是我的责任，问题都出在其他环节。我可以理解这种解释，但我实在受不了这样的流程。有人会觉得奇怪，为什么管理者都不会发现这样的问题呢？很简单，越是高级别的管理者，越是不注意这些低效的业务流程，因为当他们申请名片的时候，流程审批环节都会给予绿色通道，管理者从来感受不到普通员工走流程的无奈与愤怒。搞清楚了以前名片印制的流程后，我对名片印制流程进行大刀阔斧的修订，减少审批部门，授权外地同事当地印刷，增加了审批与服务时限。调整后的流程具体如下：

关于优化名片印制流程的通知

各部门：

为提高内部办事效率，优化工作流程，更好地向员工提供服务，经公司研究，将名片印制流程优化如下：

一、申请条件

1. 因工作需要外出拜访客户、参加市场活动、对外事务频繁的员工，均可申请制作名片。

2. 名片分为电子名片与纸质名片两类，其中电子名片主要适用于通过远程沟通的方式与客户交流的岗位，由行政前台设计完成后直接发电子版给申请人。纸质形式的名片，原则上每人每次可印制1盒，特殊需求应于申请中特别注明。

二、申请流程

申请人（提交）—直接上级（审批）—行政前台（设计名片、上传电子版）—申请人（确认设计稿）—行政前台或各地分支机构指定对接人（下单印刷和发放）。其中，总部统一由人力行政中心负责印制，各地由分支机构自行印制，总部提供名片印制指导价格，相关供应商应向人力行政中心处备案。

三、时限承诺

1. 名片设计、上传、下单按照 1 个工作日时限执行（设计、上传为每工作日上午 11 点半，下单印刷为每工作日下午 5 点半，超时顺延至次日），名片印制时限按照 3 个工作日时限执行，原则上从申请流程到行政前台环节到印刷完成不应超过 4 个工作日（直接上级审批、申请人确认时间不计入时限承诺）。

2. 因申请人原因加急或者其他原因，导致名片成本超过正常印刷成本的，由申请人本人承担或从工资中扣除。

欢迎全体同事监督执行，特此通知。

管理者会发现，一个组织其实就是由流程串起来的，组织的运转本质上就是业务流程的运转。每一位管理者都应该学会如何建立和优化流程，建立流程的目的是高效管理业务，让每个员工可以按流程解决问题，而不是找领导；每项工作可以实现流程驱动，而不是开不完的协调会。流程管理并不是一门高深的学问，不需要太多专业知识的学习，只需要做到以下几点就可以：

1. 实用高效

实用高效永远是流程建设的根本出发点，不是为了流程建设而建设，而是要能提高效率或者解决问题。因此，直线管理者在制定业务流程时，无论是单一部门内部流转的流程，还是跨部门流转的流程，都应该征求流程节点上其他部门的意见，甚至是流程节点上没有的但可能会影响到其工作效率的部门。广泛征求利益相关部门的意见，不仅能够避免管理者闭门造车，帮助管理者制定出符合实际的业务流程，与此同时，还实现了业务流程建设过程宣贯，统一思想与认识，为今后业务流程的顺利实施奠定了良好的基础。

2. 穿越测试

穿越测试要求流程制定者在完成流程的制定初稿后，将实际的业务放在流程中实际流转，通过一段时间的实验或者在一定范围的试点，发现业务流程执行中可能存在的问题，例如执行时限、先后顺序、工作矛盾等，有针对性地对业务流程加以修订与完善，对于重要业务流程建设更是如此。

一家公司准备对员工请假审批流程加以修订，之前员工请假的流程是员工申请、直接上级审批到人力资源部审批，该流程已执行多年。有个别管理者向人力资源部反映，当员工请假的时候，他其实不太同意准假，但是又因为是在一个团队中，觉得不好意思否决下属的申请，希望人力资源部将员工请假的流程顺序加以调整，调整为员工申请、人力资源部审批，然后再到直接上级审批。人力资源部没有直接否决直线管理者的建议，而是先在一个部门内做流程转换的测试，发现问题较之前更多。主要原因是，员工大多数情况下是按照团队工作安排来请假，人力资源部审批者并不知道该团队在工作上的具体安排，只能按照制度直接审批，导致很多情况下，员工会认为人力资源部都已经批假，直接上级为什么不批假呢？这样的流程调整适得其反，让直线管理者批假权限大幅度下降，直接影响了团队管理者对人员的调配工作。因此，人力资源部立刻停止对该流程的修订工作。

3. 持续优化

当业务流程建立并正常运转起来后，管理者不能对业务流程置之不理，以为业务流程已处于最优状态，长时期甚至是制定流程以后，再也不对流程进行审视，这又是一种理想化的思维方式。可以说，即使经过了穿越测试，管理者也应不定期审视内部流程，特别是在流程建设的初期，是最容易出现问题的。

我曾经遇到这样的问题，针对合同审批盖章的流程，公司最初是这样制定的：经办人拟定合同—经办部门负责人审核—法务审核—财务审核—总裁审核。涉及其他部门的合同增加部门会签环节，最后由经办人持合同到印章保管人处盖章。这样的流程有什么问题呢？我自己也不觉得有什么样的问题，公司执行这样的流程也已经多年，没有出现过任何问题。直到有一天，一个经办人拿着厚厚的一沓合同找我盖章，刚好这个合同是我审批过的，并对合同内容提出了一些修订意见，我就顺便仔细对合同再看了一遍，一看吓我一跳，我发现审批过程中提出的修订意见，经办人都没有修订。我马上意识到，这是因为提出修订意见的各个审批人，都不是经办人，目前的流程根本没有办法监督到经办人是否已严格按照审批意见进行修订，总不能让印章保管人在盖章环节，拿着纸质合同再审查一遍吧。既然发现流程中存在问题，总要想出解决方案来，对合同审批与盖章流程进行优化，具体是：

（1）合同在 OA（办公自动化软件）上按规定履行完审批手续后，若审批流程中有修改意见的，由法务与经办人沟通后，在合同上修改后再打印；若无修改意见的，则由法务直接打印，经办人不再另行打印。

（2）法务打印合同盖章后，直接通知经办人前来领取并登记；紧急情况下，经办人可直接联系法务加急处理。

（三）经验传承有办法

对于任何一个组织或者团队而言，最大的浪费是什么？是团队知识经验的浪费。我们常讲：铁打的营盘流水的兵。没有任何一个团队不存在人员的流动，一旦人员出现流动，这些员工掌握的做事的流程、方法、技巧、模板、方案，甚至是联系人、联系方式可能都会消失。有的管理者说，还有工作交接呢。试问一下，有几个公司能够做好工作交接，即使有工作交接，又有几个能做好全面细致的工作交接，交接以后又有多少能和之前的人做得差不多。此外，管理者还面临新人进入团队后，对团队成员的培养工作，讲得太粗，新人很难在最短的时间内上手工作；讲得太细，管理者自己可能都要花费不少精力来整理与准备。因此，如何能够有效实现团队知识经验的沉淀，有效实现对团队成员的知识经验的传承，就成为管理者管理团队的重要命题。从我自己的管理实践来看，如果不考虑信息化管理的手段，我认为以下做法会对大家有所帮助。

1. 资料梳理是关键

每一名员工，尤其是关键岗位上的员工，在工作中都会积累大量与工作有关的文档资料，这些资料构成了企业的知识与经验体系，属于企业无形资产的重要组成部分，一旦丢失，企业需要付出高额的成本代价进行重建。因此，资料梳理就成为团队知识管理的首要任务和关键所在，具体可以把握3个环节。

（1）资料整理。对于离职员工（以下称"交出方"），部门负责人或人力资源部经理在与其进行离职面谈时，就要明确资料交接包括的内容及重点，并指导员工在办理离职审批的同时，做好对其工作的梳理、交接资料的整理，以及交接表的填写。交接内容应包含负责的工作任务或项目描述及进展情况，对外联络的资源信息，各类文档资料的书面及电子资料等，见表2-1。

表 2-1　不同岗位工作交接内容示例

类型	职能类岗位	营销类岗位	技术开发类岗位
任务概况	目前工作状态进展情况及需要的资源及技术支持等	各项目当前状况，如是商谈中、执行中还是潜在的项目；项目回款情况、前期尾款清欠情况；市场推广进展	对项目进行概要描述，包括项目规模、状态以及技术要求等
联络信息	对外：客户名称、联系人、地址及联系方式等对内：工作相关联的岗位人员姓名及联系方式等	对外：客户名称、联系人、地址及联系方式等对内：工作相关联的岗位人员姓名及联系方式等	对外：客户名称、联系人、地址及联系方式等对内：工作相关联的岗位人员姓名及联系方式等
文档资料	各类工作成果，如制度流程、申报材料、会议纪要、统计报表等电子资料；经济合同、证照资质、传真文件等纸质资料	各类工作成果，如销售合同书、有关执行文档、交付书、收条、各种确认资料、客户关系管理资料、项目方案、市场活动方案等	各类工作成果，如源代码、有关执行文档、技术文件、设计图等

（2）交接存档。交出方资料整理完毕后，填写好《岗位工作交接资料清单一览表》，注明资料的存储方式及存放地后，一并交接给直接上级，由直接上级负责对提交资料的全面性和准确性进行审核、签收与存档。

（3）转交备份。直接上级将通过审核的电子与纸质资料，转交新接手该岗位的员工（以下称"接收方"）存档与备份，直接上级应要求接收方尽快学习与熟悉相关资料。当然，为了加强知识管理，企业人力资源部门还可以细化规定，例如：一定级别以上或者公司核心关键岗位的文档资料，除用人部门必须备份外，人力资源部或知识管理部门还应双重备份。

需要说明的是，根据员工岗位和接收方对要接替工作的熟悉程度，接收方也可以直接与交出方进行交接，这样可以节省时间，同时也能够一起熟悉工作内容。但是直接上级必须一同参与交接，并且要对交接的内容做好审核，避免出现重大疏漏。

2. 交接培训不可少

接收方获取岗位相关的资料以后，如果只是简单阅读或学习该岗位的文档资料，尚无法掌握该岗位的工作精髓，诸多工作细节、技巧、注意事项与特殊情况，都隐藏于各类文档资料的背后，难以通过阅读与学习迅速掌握。

在现实中，往往因为工作的急迫性，无法给予接收方宽裕的时间和精力去熟悉与实践，新人匆忙上阵，势必影响工作成效。因此，为了帮助接收方快速掌握新岗位工作的内容与要求，交出方所在部门须及时组织交接培训，交接培训的参与者至少包括3人，即交出方、接收方和直接上级。由交出方对交接工作与文档资料进行全面讲解与说明；接收方在学习文档资料的基础上，准备好问题和记录本，及时与交出方有效互动；直接上级作为监管者，应负责对交出方讲解内容的全面性和准确性进行把关，发现讲解内容有遗漏或者错误时，应立即对培训内容补充与纠正。对于和该岗位工作流程紧密相关的同事，也可以请其参与旁听及互动，让接收方对新岗位工作更有整体感和全局观，这样效果更佳。

事实上，在交接培训过程中，用人部门往往还能获得意外的收获，即通过对该岗位工作的全面梳理与互动，发现其中需要改进与变革的内容，在研讨的过程中记录和整理出来，可以有效优化本岗位或部门工作。而且，这一环节的投入对保持工作连续性的作用不可小视，用人部门不可因怕麻烦、耽误时间而忽视。

3. 实操指导上手快

古人云：知易行难。经过资料梳理和交接培训环节，基本上接收方在知识与概念层面没有问题，但知道并不等同于行动，也不等同于会操作，接收方在实践与操作上仍会感觉有一定的难度。为了实现"知行合一"，保证交接岗位的工作不受影响，在离职交接过程中，还须设置一个实操指导的环节。出于效率的考虑，实操内容应集中于该岗位的核心业务，即经常性发生、重要程度较高的工作任务。

具体操作是交出方明确该岗位的核心业务，由直接上级予以审核确认。以薪酬福利岗位为例，其核心业务主要包括：每月薪酬福利核算与计发，每月社保与住房公积金业务办理，季度奖金、年度奖金核算与计发，年度人力成本分析与预算，年度薪酬调整业务处理，年度市场薪酬水平调研等。这6项工作是此岗位人员必须熟练操作的内容。用人部门对岗位的核心工作梳理完毕后，交出方就可以指导接收方对核心业务进行实际操作，次数至少一遍，通过实际操作及时发现问题并处理，确保接收方能够符合新岗位的实际操作要求。

4. 通知各方线不断

无论哪个岗位，其对内对外、或多或少都有数目不等的固定联系人，这些固定的联系人包括客户、供应商、合作伙伴、专家学者、内部员工等，岗位所承载的各类业务，基本上也都是通过该岗位员工与固定的内外联络人交织在一起。如果员工离职以后，接收方却不知道该岗位有哪些固定联系人，就会影响工作所涉及的内外联络顺畅程度，不仅会直接影响工作的正常开展，甚至还会给公司造成实际经济损失。

因此，当离职交接工作进行至此环节时，接收方已对该岗位工作基本熟悉，应当及时通知与该岗位有关的固定联系人，确保工作无缝衔接。以人才招聘岗位为例，交出方填写《岗位联系人一览表》，将人才招聘岗位的联系人全面梳理出来，具体包括各部门负责人、各猎头公司联系人、各招聘网站联系人、各高校就业办联系人等，经直接上级审核移交至接收方，由接收方主动通知相关各方联系人，从而实现交接工作的平稳过渡。如果考虑部分业务工作的重要性，企业还可以采取由交出方带领接收方逐一拜访的方式，确保重要工作联系不断。

四、开好会，会开会

如果说管理者只能拥有一样管理技能的话，我认为就应该是开会的技能。开会是一个非常好的相互沟通、交换信息、形成一致看法、解决问题的管理工具。在管理实践中，我发现管理者有两种极端情况。

一种是"蒙查查"的管理者，这些管理者不知道带一个团队需要召开什么样的会议，更不知道开会对于团队建设的意义与作用。我曾经通过猎头为公司聘请了一位部门总监，他拥有近 10 年的行业经验，最近七八年都在带团队，入职快 3 个月时间，工作成绩却不显著，团队人员流动性大幅度上升。我安排人力资源部同事对其负责的团队进行内部调研，调研的结果让我惊诧不已，该部门总监进入公司开展工作以来，居然从来没有与团队成员开过会，一次都没有。团队成员不知道部门的整体发展规划，也缺少一个与团队管理者正式沟通的渠道，团队士气大为受挫。经过此事，我进行了深刻的反省，对管理者能力的判断，不能简单先入为主，认为会议管理这样的简单基本功，只要是有一点阅历的管理者都能掌握。

另外一种则刚好相反，这些管理者对会议是绝对的"拥护"，每天主要的工作就是开会，一个会议连着一个会议，从白天到黑夜连轴转，好像只有开会才能证明管理者存在的价值。我曾经见过一位管理者，他的特点是每天一早到公司，就让秘书为其安排会议，通知好参加人员，然后按照顺序开会。他的下属大部分时间都耗在公司内部会议上，因为要参加几个不同的会议，有的下属甚至一天要到他的办公室好几次。白天的时间都在开会，真正干活的时间就只有在下班以后。出现这样问题的原因，是管理者不懂如何利用好会议这个工具，对工作进展没有安全感，每个会议都在布置工作，但鲜有工作能够真正跟进落实到位。这样的管理者需要认真学习一下如何开会，哪些事情需要开会，哪些事情不需要开会。

我认为，对团队管理而言，除了项目性或者临时性的工作会议以外，有 4 种常规的会议是管理者必须要熟练掌握、娴熟运用的，具体是：欢迎新员工的会议，管理目标的周例会，回顾与检讨的经营分析会，振奋人心、鼓舞士气的员工大会。

（一）爱上迎新会

团队建设应当从新员工的入职开始，管理者第一个要学会的常规会议就是迎新会。迎新会的作用在于，营造团队氛围，帮助团队新成员在短时间内熟悉团队成员，消除新成员在新环境下的不适应性。迎新会和其他常规会议不同，不是单一会议，而是围绕会议展开的一系列活动，具体包括以下几个环节：

1. 为新人准备必要工作条件

第一印象非常重要，公司新员工入职准备工作是否充分，将会直接影响新员工对公司工作效率的印象。如果一名新员工在进入公司1—2天后，甚至更长的时间，都无法正常开展工作，相信他对公司评价不会太好。为了帮助新员工在最短的时间进入工作状态，管理者应当建立一个完整的清单，协调行政、技术等支撑部门，确保在新员工入职前，提前做好相关工作的准备。常见的清单内容有：电脑、OA系统、座机、办公文具、工卡、门禁、欢迎信等。管理者可用它来检查新员工入职准备工作是否完善，原则上这些工作都应在新员工入职的当天完成。

2. 召集团队成员欢迎新员工

为了帮助新员工更快地融入团队，原则上在新员工入职当天，由团队管理者召集全体成员开会，正式欢迎新人的加盟。与会人员按照顺序发言，首先是团队管理者以会议主题开头，然后请新员工自我介绍，再次请团队成员逐一介绍自己以及职责，最后由管理者对团队的文化与惯例阐述后收尾。会议不宜过于严肃紧张，可以轻松活泼一些，有条件的可以准备一些茶点与水果，边吃边聊，相信效果更好。会议当天，管理者还要交代老同事带新员工去吃饭，第一天的饭通常都是公司出钱。

3. 向关联部门介绍新员工

管理者对新员工工作流程与边界都非常清楚，为了帮助新员工更快进入工作状态，管理者可以主动带新员工拜访与其工作紧密相关的同事，特别是向其他部门的同事、领导介绍新人，把他们相互之间的工作衔接介绍清楚，并拜托老同事对团队新成员多多给予支持与帮助。这样，就可以为新员工以后较为顺畅地展开工作奠定良好的基础。

4. 管理者做部门入职培训

新员工的入职培训可以分为两类：第一类是新员工的通用培训，主要是针对公司企业文化、发展历程、管理制度、产品服务等内容，一般由人力资源部负责组织实施；第二类是部门专业培训，主要介绍部门职责、岗位职责、工作流程、制度规范及近期重点工作等，帮助新员工搞清楚试用期的工作目标与任务。对于团队人数较多的部门，管理者可以采用屏幕录像一类的专业软件，将部门专业培训整理成视频，以提高管理者的工作效率。

（二）战战兢兢周例会

一般而言，管理者应确保日常工作按照计划开展，确保工作有序开展的重要工具就是周例会。既没有必要天天开会，事事都要求下属汇报进度；也不能从不开会，布置任务后，再不关心团队工作进展。因此，处于前面两种极端情况之间的周例会，就成为团队管理者的首选。管理者召集周例会，应注意以下几点：

1. 会议准备

原则上，周例会的举办时间应相对固定，不一定都是在周一，时间选择上，刚上班或者快下班较好，因为这个时间段不会影响正常业务运营工作。会议组织者至少提前一个工作日发送会议通知（会议通知中需明确会议议程），并要和与会人员确认是否参加。会议当天提前半个小时调试投影、远程会议系统等设备（如需）。与会人员需要提前了解会议议程，提交会议材料，列好发言提纲，并提前 5 分钟到达会议地点。

2. 与会人员

原则上，参与周例会的人员应为管理者的直接下属，跨级下属不必参加周例会。此外，对于跨部门协作较多的团队，管理者还可以邀请与其工作紧密相关的部门成员，列席参加周例会。比如产品部和技术部工作协同较多，在技术部召开周例会的时候，可以邀请产品部的项目经理列席，这样将有助于团队协同作战。

3. 会议实施

为提高工作效率，汇报顺序可以提前安排好，与会人员按照顺序逐一汇报工作，汇报内容应包括上周工作总结、本周工作计划、协作支撑需求等。会议的目的是解决问题，所以会议力求高效。与会人员必须积极参与到会议议程中，汇报时简明扼要、思路清晰，每位发言人时间控制在 10 分钟以内。会议主持人应设置时间提醒，并有权打断冗长偏离主题的发言，会议时间控制在 1—2 个小时之间。

4. 会议纪律

与会人员手机必须提前调成振动或静音模式。所有会议严禁迟到，与会人员必须提前 5 分钟到场，如不能参加必须至少提前 2 个小时向会议组织者请假。迟到者、无故不参加者每次捐献经费至团队处，充当团队活动基金。

5. 会议跟踪

会议发言应简明扼要、大胆真诚、对事不对人，会议决议一旦形成，会议人员会后应无条件执行。会议决议的后续行动计划执行必须具体到个人，并明确完成期限，会议结束后以工作周报的形式通知个人。

会议记录人必须跟进后续行动计划的执行进展，确保计划完成。会议记录人由会议组织者确定。

（三）唇枪舌剑经营分析会

经营分析会从召集的范围来看，可以分为公司层面的经营分析会和部门层面的经营分析会；从召开的频次来看，可以分为季度、半年度和年度3种类型，召开时间原则上在对应时间点的两周内，时间过长就失去了会议的目的。经营分析会既是定期对公司经营工作的全面回顾与检讨，也是对各级团队管理者的绩效与管理能力的评估。

以公司层面的经营分析会为例，我们来介绍正规的经营分析会是如何策划与实施的。通常先要确定参加经营分析会的人员。除了各团队的负责人外，还包括在外地工作的同事，都应回到公司总部所在地或者指定的会议地点，此外，还应安排部分骨干人员列席参加会议，目的是为了锻炼与培养他们。接下来经营分析会的议题就成为整个会议的关键所在，一般而言，主要有三大内容：

1. 经营分析

经营分析模块是整个会议的关键所在，为了更好地体现会议的导向，首先，要在会议的主题上做文章。只要与会人员看到主题能够体会会议组织者的用意，就容易和他们形成共鸣，例如，一览网络2016年上半年经营分析会"为者常成，勇者宏途"的主题就是我涉及过的一个较好主题。其次，要求团队负责人提前准备好会议材料。材料一律采用PPT形式，要求重点突出、简明扼要、数据为主、事实说话，材料内容包括但不限于：上半年部门重点工作完成情况、重大工作措施与成效、团队管理与建设、现存问题及解决思路、下半年重点工作规划等。最后，团队负责人按照顺序进行汇报并接受其他部门的提问，时间为 30 分钟，其中汇报 20 分钟，接受提问 10 分钟。我们鼓励与会人员，特别是有支撑与被支撑关系的部门相互提问，提问必须是一针见血。直面矛盾，甚至鼓励相互之间面红耳赤的争论、辩论。会议的目的就是发现问题、解决问题，而不是一团和气、一团和谐，只有这样，才有可能帮助业务部门扫清发展过程中的障碍。

2. 竞技比赛

竞技比赛模块是经营分析会的高潮所在。考虑到全国的团队负责人很难经常聚在一起，再加上在经营分析模块讨论时大部分同事一直是紧绷神经，我们不希望把整个经营分析会办得一本正经、严肃无比。因此，会在经营分析会中增加竞技比赛环节，比赛可以分为团队和个人两种类型。

团队比赛对于新人较多的团队特别适用，可以帮助团队成员加快了解与认识的速度，是培养团队协作精神的最佳方式之一。

一览网络 2016 年经营管理团队松山湖骑行比赛

1. 分组规则

本次比赛分为 5 组，每组 6 人。具体分组由抽签决定。

抽签：共计 30 张纸条，分别写上 1 至 5 号数字，拿到同一个数字的为同一队，1 至 5 号为出发顺序，每队出发时间间隔两分钟。

2. 游戏任务

（1）每组必须到以下 5 个景点名称处拍照：岁寒三友、锦鲤池、松湖花海、松山湖生态景区、黄金竹海；

（2）每组必须找到以下 4 种植物，松树、竹、柳树、榕树，并拍下照片；

（3）每组必须找到穿以下 3 种颜色衣服的行人，请说服他们以特定手势合照：红色（比心）、蓝色（剪刀手）、黄色（OK 手势）。

3. 奖励与惩罚

本次骑行比赛第一名有惊喜大奖，与之相反，最后一名有相应惩罚，最后一组所有成员当晚请准备节目进行才艺展示。

4. 行车路线

本次骑行路线全程约 16 公里，预计用时 3 小时。雅乐轩酒店—莞深高速—松山湖大桥—松山湖环湖骑行，骑行路线起点、终点均为松山湖大桥。骑行结束返回酒店附近用餐。

个人比赛特别适合销售团队，因为个人竞技比赛可以激发销售人员的好胜心和上进心，如果能够与公司业务相结合则更佳。

39 健康网 2009 年销售队伍 1 分钟演讲比赛

1. 比赛安排

初赛（自我介绍）：得分最高的前 15 名选手进入决赛。

决赛（39 健康网介绍）：决赛将角逐出前 3 名。

2. 演讲要求

要求演讲者在 1 分钟的时间内尽可能介绍清楚自己或者公司，演讲具有激情，表达流畅清晰，能给人留下深刻而美好的印象，演讲形式不限，重要的是要有特点，具有感染力。

3. 比赛顺序

比赛按照姓氏拼音顺序进行排序。

4. 评分标准

评委由顾××、大××、麦××、马××、黄××担任，将从参赛选手的演讲内容、表达能力、感染力、普通话水平等方面进行评分，满分为 100 分。

5. 比赛奖项

决赛分数前 3 名可获如下奖励：

第 1 名：1500 元

第 2 名：800 元

第 3 名：500 元

3. 专题培训

专题培训分为内部分享和外部培训两种。前者主要是将内部骨干人员工作上的最佳实践，通过主题演讲的方式，在公司内部与大家分享与交流、相互切磋与共同进步，对于一些新同事而言，这也是一个非常好的展示自我的机会；后者，配合公司在经营管理过程中的短板，或者未来发展的重点，邀请外部专业讲师为团队成员举行培训课程。我们坚信在对员工能力的培训上公司永远不会吃亏。因此，在培训方面，我们一点都不吝啬，邀请的讲师费用最高的时候曾经每天超过 6 万元。外部培训不一定都是邀请专家来，也可以走出去向业界优秀的公司学习，帮助团队成员开阔视野，增长见识。例如我们团队曾经进入流行美公司总部，与他们进行高效成长性企业的经营管理交流；也曾走访广东移动

10086 呼叫中心，与他们进行卓越服务体系建设交流。

（四）振奋人心开年会

一般来说，公司至少每年召开一次全体员工大会——年会。员工人数不多的情况下，300 人以内的公司，通常都是全体员工参加；而人数较多的公司，要么各部门自己组织年会，要么部门派一部分代表参加公司组织的年会。年会作为凝聚人心、振奋公司士气的重要会议工具，强烈建议有条件的企业至少每年组织一次。

我在 39 健康网工作的时候，公司上下都异常重视公司年会的组织与策划。作为一年一度员工的重要团队建设活动，公司会投入大量的资源，精心准备，每年都把公司年会当作中央电视台的春节晚会来策划，效果很好。公司的投资人 IDGVC（IDG 技术创业投资基金）高级合伙人杨飞先生曾评价，39 健康网的年会是他投资的这么多家互联网公司中做得最好的。下面介绍一下 39 健康网在员工年会方面的一些经验，供大家参考。

1. 组织有力

公司一旦确定年会的时间和地点后，立刻成立年会工作小组，工作小组主要由主持人与行政部门的同事构成。通常主持人都是新旧搭配，2 个上届的主持人带 2 个新主持人，新主持人往往是从新人中推荐出来的，这也是锻炼新人的一种做法。年会工作小组负责组织节目评审、会场设计、主持串词等工作，基本上形成以工作小组为核心的导演组，公司基本上会授权导演组全权负责公司年会，鼓励他们大胆尝试、敢于创新。这样，公司年会往往出现让人意想不到的效果。

2. 议程得当

我们不仅赋予年会娱乐性，也赋予了年会传递公司企业文化和价值观的使命，因此，我们对年会的议程进行了精心设计。通常，首先会邀请董事长针对公司过去 1 年的发展致辞，既是对过去的总结，也是对未来的展望；然后，会对公司的突出团队、项目、个人进行表彰；最后，会对工作满 5 年、10 年的员工予以公开表彰，鼓励这些长期为公司服务的员工，树立全体员工学习与成长的榜样。每位参加年会的同事都会站在一个发展的眼光来看待公司，也会发现自己在公司成长过程中的价值与意义。

3. 节目精彩

年会能否成功举办，关键还是在是否具备高质量的节目。在节目征集上，题材不限，说、拉、弹、唱、舞、魔术均可，提倡原创精神，希望兼具观赏性与艺术性，能够充分展示 39 健康网的企业文化和员工风采。鼓励以部门为单位推荐节目，各部门推荐 2—3 个节目，分公司、办事处推荐 1—2 个节目，其中人数较少的部门可以联合申报，这也是鼓励跨团队协作。

4. 员工开心

让员工在年会中感受到家庭的温暖，开心甚至疯狂地度过短短的年会，是我们一直追求的目标与方向。因此，必须考虑到年会的诸多细节，从选择年会的场地开始，我们考察多个酒店，好中选优，选择性价比最高的高级酒店作为年会的场地；员工用餐菜单的选择是最为头痛的工作，我们常常会与酒店反复沟通与琢磨菜品的搭配与选择；关于奖品和礼品，年会过程中我们会穿插 4—5 轮的抽奖活动，每次抽奖都是气氛的高潮，从电子设备到生活用品，为员工准备琳琅满目的奖品，中奖率超过 40%，即使没有中奖也没有关系，还有人人有份的公司年货，每个人都可以开心而来，尽兴而归。

第三章

管目标——把公司期望的事情做成

美国第 34 任总统艾森豪威尔说："目标本身一钱不值，但制定目标的经历却是无价之宝。"

目标管理理论最早是德鲁克于 20 世纪 50 年代提出的，之后立刻风靡企业界，人人言必称目标管理。到今天，时间已经过去近 70 年了，没有管理者不知道目标管理，也没有人否认目标管理的重要性，但现在有多少家企业，敢拍着胸脯说自己的目标管理做得不错。就我自己的观察而言，不少管理者对目标管理一知半解，甚至错误使用目标管理工具，常见的问题有：

> 公司既有绩效考核，又有目标管理，这两者到底是什么关系？
>
> 如果下属不提出让我满意的目标，那么下属的目标应当如何制定？
>
> 对于我不熟悉的工作，如何能够制定出合理的目标？
>
> 不同部门、不同岗位的工作职责不同，目标管理如何做到公平和可比？
>
> 上司将创新工作纳入目标管理，我那么多日常工作怎么办？
>
> 上司要求目标管理中的目标必须量化，无法量化怎么办？
>
> 我们部门的目标受到其他部门的制约，我能对他们的目标提出要求吗？
>
> …………

因此，管理者对目标管理这一工具是又爱又恨，充满了期望和困惑。现在就来谈谈目标管理这一命题，顺便也将前面提出的一些问题逐一进行解答，供读者朋友们参考。

一、管理就是管目标

　　什么是管理？有人说管理就是计划、组织、领导、控制、协调；也有人说管理就是通过他人完成工作任务的过程；还有人说管理就是决策……不同的人对管理有着完全不同的理解与定义。管理没有一个统一的、公认的定义，但无论哪种定义，都不能否认管理其实就是一个设定目标、组织资源来达成目标的过程。因此，我更愿意将管理的本质看作目标管理，这也是作为一个管理者最为基本的职责或者技能。

　　通常，在一个组织中会交替使用目标管理与绩效管理，管理者常常搞不清楚这两者的区别与联系。一般而言，绩效管理是设定目标、评估目标、执行目标、实施奖惩的过程。因此，严格意义上来看，绩效管理内涵已包含目标管理。目标是绩效管理的起源与开端，也是组织或者个人前进的最重要的牵引，一个组织所有的管理问题都是围绕目标产生与发展的，没有目标的组织与个人往往是缺乏动力、效率低下、不可持续的，很难有突出的成就。

　　我对目标存在的价值，第一次有深刻理解是在大学一年级。那个时候刚刚来到北京上大学，突然发现大学生活如此自由，你上不上课、吃不吃饭、交不交女朋友，通通没有人管，学习方面更没有高中统一的自习，没有老师督促你，也没有父母在身边唠叨，最重要的是已经失去了高考奋斗的目标。我觉得一下子像进入了天堂一样，首都北京高楼林立，街道上车水马龙，熙来攘往的人群，像潮水一般，充满着生机与活力，到处都是无限的吸引力。我办了一张北京公交车的月票，只要遇到自己不喜欢的课，就约着三五好友，揣着月票满北京城到处乱逛。我很快就尝到了缺乏目标的恶果，在微积分的期中考试中，我人生第一次拿到 60 分，在班里的排名是倒数第三名。我对自己的成绩极为不满意，认真分析原因，主要就是缺少目标。后来我找到数学老师，问他："如果我微积分的这门课总成绩要拿到优秀的话，期末考试需要考多少分？"老师告诉我要 95 分以上，这就成为我的目标。为了达成微积分总成绩优秀的目标，除了不再逃课以外，我开始认真听课，经常泡图书馆，反复做练习题，期末考试成绩出来，我的微积分居然考了 96 分。这就是典型的有目标和没有目标之间的区别。有效的目标管理必须清空目标规划的障碍，站在未来规划设计。

（一）规划的障碍

什么会阻碍我们做好规划呢？如果把规划比喻成视力，会发现障碍主要分为三类：

1. 目光短浅的近视问题

近视的表现特征就是看不清远处的事物，只能看到眼前的东西，这又分为两种情况：

（1）假近视。其实视力没有问题，只是低头赶路而不愿意抬头看路，看到的当然只能是脚下或者眼前的事情。结果很可能是花了很多时间赶路，但因为走的方向不对，离目的地反而越来越远，结果南辕北辙。

我曾经和很多制造业企业的 HR 沟通过关于社会保险购买的问题，这些 HR 常常告诉我，他们的企业基本上都没有为员工购买社会保险，我很惊讶：难道《劳动合同法》实施多年就形同虚设，企业就不怕引来巨大的劳动用工风险吗？他们告诉我：不购买社保实际上常常是员工本人提出来的，因为社保要求是员工和企业各自缴纳一部分金额，员工因为缴纳社保以后实际收入受到影响，而且交了社保获得实际收益要等到退休以后，现在看不到任何收益，所以往往放弃缴纳社保，甚至缴纳了社保的还跑到社保局退社保。正因为这个原因，外来工占大部分的深圳社保基金出现巨额的盈余。但是，对于这些员工而言，他们今天的行为会严重影响其未来的医疗与养老待遇，后悔与吃亏的时候在后面。想想自己做了多少只关注眼前利益，而忽视长远利益的事情吧？

（2）真近视。个人视力确实不太好，想看远方，但是又看不清楚。大部分人都希望通过创业获得财富的快速积累，但是有多少人能够为了自己的梦想坚持下去呢？

20世纪70年代初期，在游戏公司雅达利担任首席绘图师的韦恩结识了同样受雇于该公司的乔布斯，随后两人成了朋友。一次，在韦恩成功协调了乔布斯和沃兹尼亚克的分歧后，乔布斯提议创建公司，并承诺分给韦恩10%的股份。韦恩随后便用自己的打印机打出了一份完整的创办合同。后来，创立不久的苹果遇到了严重的资金困难，韦恩之前有过创业失败的经历，因此他在苹果创立约两周后便决定退出，10%的股份仅变现为800美元。韦恩卖掉的这些股份目前估值高达350亿美元，因此有人称韦恩犯了"史上代价最为昂贵的错误"，真是令人唏嘘不已。

2. 随波逐流的散光问题

医学上，散光是眼睛的一种屈光不正常状况，光线不能在视网膜上结成焦点，而是弥散四方，使大脑对外界物体的认识出现一片模糊。规划上出现散光问题，主要有3个原因：

（1）缺乏独立思考能力。遇到各种问题时能够具备自己的独立见解，能够进行独立思考，已经成为规划的重要组成部分；可惜的是，大部分人都是人云亦云，难以突破常规思维与自我限制。

我自己也经历过此类问题，在广州总部办公室的装修过程中，大家希望办公室的新环境能够清爽整洁，不要再出现原来办公室中水桶到处乱放的情形，所以我提出来要配置专门放水桶的架子。按照通行的做法，我们与装修公司进行了沟通，请装修公司在装修过程中帮忙定制此类架子。因为承重要求高，所以架子需要特别定制，装修公司报价每个1000元，两层楼大概需要10个，合计1万元。当装修公司提供具体方案选择时，行政部的一位同事提出：公司为什么要采购架子？我恍然大悟：公司其实不需要采购，可以与饮用水供应商沟通，让供应商提供相应的架子，其中的道理就好比是你自己家购买水票，供水公司就赠送饮水机给你家一样。一个经过独立思考的提问就为公司节省了一大笔费用支出。

（2）缺乏丰富的想象力。19世纪的哲学家亚瑟·叔本华曾经比较过人才与天才之间的区别，他说人才可以实现的目标其他人无法实现，而天才实现的目标其他人连看都看不到。这句话实在是精辟，我想其中的核心区别就在于想象力以及为了实现想象力的行动，如果你连想象力都没有，连问题是什么都不知道，怎么可能解决问题呢？

中央电视台曾经报道过一个国内最牛的停车场，你猜猜500平方米的停车场能够停多少辆车？不开车的人可能没有太多的概念，我告诉大家一些基本的数据，你就会明白了：一般车位占用面积为7.3平方米，如果用总面积500除以单个车位的面积7.3约等于68。请各位注意，这是基本上全部排满车的情况下才能停这么多，正常而言，停车场还得有通道吧，所以正常逻辑是停车数量应该不会超过68辆。实际的情况是，这家停车场最高峰的时候能停下 70 辆车。因为车辆之间的距离太近，停车有难度，该停车场全部由物业帮助停车。说实话，这家停车场超过了我基于常识的理解与想象，但是回头想想这个世界上很多事情不都是这样吗？突破了人们的常识，推行根本性的变革，就能够获得巨大的利益。就像这个停车场一样，他们想尽办法利用好停车场的位置，目的不是创造新闻和耍杂技，而是因为该停车场身处电脑城商业地带，车来车往，停车是一个大问题。物业帮助停车不仅效率高，而且充分利用了停车场，使得物业公司的收益大增。

（3）缺乏准确的判断力。判断力是分析问题与处理问题的核心能力，必须一针见血，从现象直接进入事物的本质，才能够善于发现各种事物之间的联系与机会所在。

太平洋平安银行（Security Pacific Corp.）与美洲银行（Bank of America Corp.）合并时，它的很多支行都关闭了，客户作为核心的资产当然并入美洲银行，但是这只是宏观层面的思路而已，美洲银行的员工没有为此做任何更为细致的工作。但是，这些支行关闭与其他银行有什么关系呢？第一洲际银行（First Interstate Bancorp）就发现了这个机遇，认为太平洋平安银行支行关闭能够为第一洲际银行带来巨大的商机，于是立即安排员工租了卡车停在这些关掉的支行附近。很多前来太平洋平安银行办理业务的客户，一看银行关闭了就不知道怎么办，这个时候在银行门口的第一洲际银行的员工热情帮助太平洋平安银行原来的顾客开立了新的账户，非常高效而又低成本地拓展了用户。

3. 固步自封的失明问题

医学上所谓的失明，是视力残疾中程度较重的一类，视力丧失到全无光感，失去辨别周围环境的能力。借用到规划上面，失明就是固步自封，盲目自大。

中国钢铁企业近年来在采购铁矿石过程中的教训值得大家深思。从 2000 年开始，世界上三大铁矿石供应商大幅度涨价，涨价的幅度几乎都是 50% 以上，甚至接近 100%，表 3-1 列出了 2005—2009 年的铁矿石涨价幅度。

表 3-1　2005—2009 年铁矿石谈判结果一览

年份	达成协议时间	谈判双方		铁矿石涨幅	
		购买方	供应方	粉矿	块矿
2005 年	2005 年 2 月	日本日新铁	力拓	71.5%	71.5%
2006 年	2006 年 6 月	宝钢	必和必拓	19%	19%
2007 年	2006 年 12 月	宝钢	巴西淡水河谷	9.5%	9.5%
2008 年	2007 年 3 月	日本日新铁 韩国浦项	巴西淡水河谷	65%	71%
	2008 年 1 月	宝钢	力拓	79.88%	96.5%
2009 年	2009 年 5 月	日本日新铁	力拓	−33%	−44%
	2009 年 8 月	宝钢	FMG	−35%	−50.42%

为了获得较优惠的铁矿石采购价格，中国钢铁企业与铁矿石供应商进行了艰苦卓绝的长期谈判，谈判过程大概分为 3 个阶段。第一阶段，派单个中国钢铁企业与供应商谈判，根本没有谈判实力，直接败下阵来，接受了铁矿石供应商的涨价。第二阶段，既然个体力量有限，那么就联合起来，所以为了对抗铁矿石供应商的涨价行为，中国的钢铁企业组成了钢铁企业联合会，组成联合会的目的很简单，希望通过联合大规模采购来增强谈判实力，这是批发采购商品的逻辑。铁矿石供应商不吃这一套，你们采购再多也没用，爱买不买，该涨价还是涨价。第二回合中国钢铁企业仍然败下阵来。第三阶段，中国钢铁企业反思联合采购

方的行为，认为主要原因是联合的范围不够广，铁矿石供应商之所以牛，是因为它还可以卖给其他国家的钢铁企业。中国钢铁企业联合会转念一想，还得联合世界上的主要钢铁企业，所以与日本钢铁企业联合起来。非常有意思的是，到了谈判桌上，日本钢铁企业率先宣布接受铁矿石供应商的涨价，把中国钢铁企业彻底给耍了。奇怪的是，涨价对于任何企业都会增加其经营成本，为什么日本钢铁企业愿意接受成本的上升，而不愿意和中国企业一同为降低成本而努力呢？原因是日本作为一个资源匮乏的岛国，在几十年前就意识到自然资源将严重制约未来日本的发展，所以日本钢铁企业在 20 世纪 70 年代开始，大规模入股铁矿石供应商，日本钢铁企业本身就是铁矿石供应商的股东之一。因此，接受涨价不过是将钱从左口袋转移到右口袋而已，日本钢铁企业的这种战略布局提前了 30 多年。直到现在，中国钢铁企业在谈判上根本没有主动权，基本上谈判过程变成了铁矿石供应商的最后通牒会，让人惋惜不已。今天，一部分走在前面的中国大型国有企业已经认识到这个问题，逐步改变固步自封、盲目自大的作风，开始海外的资源类投资与并购。

（二）为明天而规划

我常常思考应该基于何种角度来制定目标。我想起自己曾遇到过的一个有代表性的案例。

在某年经营分析会议上，部门负责人 A 向公司提出今年收入目标设定为 50 万元，理由是去年设定的收入目标为 100 万元，但是实际上只完成了 20 万元，如果今年再设定 100 万元或者更高的目标，很有可能团队仍然无法完成，从而会给团队成员带来不稳定因素。A 的发言让所有参加会议的管理干部变得沉默，让原本热闹的经营分析会议一下子陷入僵局。

为了打破僵局以及正确地引导会议方向，我向 A 提出了一个问题："公司是基于什么来制定目标？" A 不太明白我的问题，我引导他，"你看之前你修订目标，主要是考虑到团队是否能够承受，因此，你设定目标的逻辑其实是基于员工。" A 还是一脸茫然，我进一步解释道，"换而言之，如果团队成员的能力只能承受 5 万元的目标，我们是不是也就应该把目标调整为 5 万元，那公司还需不需要发展？公司还要不要每年不断提升员工的薪酬福利？公司还能不能有足够的资源进行发展？"我的一番连珠炮式的反问，让在场的所有同事都陷入了沉思。通过这种方式，大家很快就明白制定目标一定是基于组织的发展、基于未来，绝对不是基于过去，更不是基于团队能力。

实际上，目标的制定其本质在于为一个组织的明天考虑。英特尔公司创始人格鲁夫曾经说过：在你规划行动方案之前，一定要记得先问自己有什么事情如果我"今天"做了，可以让"明天"更好，或者至少让"明天"不会更糟。如前所述，作为制定目标的管理者必须要有远见，能够从纷繁芜杂的现实中，看到明天的趋势、变化与发展，从而制定相应的目标与策略。但远见何其珍贵，不要说一般的管理者，就是专业人士或者专家机构，都不一定能够看清楚未来，例如下面这几项著名的预测：

电话作为一种通信工具，有许多缺陷，对此应加以认真考虑。这种设备没有价值。——西欧联盟（1876 年）

我认为世界市场上有可能售出 5 台计算机。——托马斯·沃特森（IBM 主席，1943 年）

未来计算机的重量可能不会超过 1.5 吨。——《大众机

械杂志》（1949 年）

无论对谁来说，640KB 内存都足够了。——比尔·盖茨
（1981 年）

…………

那么，管理者应当采用什么样的方法来制定目标呢？目标不能过低，过低的话不能对组织未来成长起到推动作用，也不能帮助员工快速成长；目标更不能过高，过高的话，员工无论如何努力都无法达成，导致团队士气挫伤，甚至对公司未来发展产生怀疑。

一般而言，在制定公司的目标规划时，比较常见的 3 种方法是：

1. 向后看

向后看就是研究企业过去发展与成长的规律，主要方法是通过分析过往数据，加上一定的合理假设，得到企业自身的规律，以此为基础，对未来发展的目标进行推测。由于有历史数据作为参考，目标制定的过程更加有的放矢，这也是大多数企业采用该种方法的主要原因。但当经营环境发生巨变的时候，这种制定目标的方法可能就会失去作用，例如经济出现衰退，原来基于历史数据制定的目标就难以实现，目标设定就变得没有意义。

2. 向前看

既然设定组织目标要向后看，那么同样也会存在向前看。以互联网的发展阶段来看，可以分为内容、搜索、社交、移动 4 个主要阶段。因此，对于任何一家身处其中的互联网公司，都不得不遵循互联网的成长规律与趋势，来设定相应的目标。比方说，随着智能手机的普及，移动互联网的时代已经来临，如果 PC（个人电脑）时代成长的互联网公

司不调整策略,势必在移动互联网时代被淘汰。

3. 向外看

向前看和向外看都是寻找参照物,以此为基础来制定目标。与向前看相比较,向外看就是寻找外部参照物,而不是内部参照物,对于组织成长而言,更具有现实的竞争意义。

以 39 健康网在制定网站页面打开速度目标来看,主要方法是采用向外看,分别与同类网站、门户网站的数据进行比较。

(1)39 健康网与同类网站比较,首屏加载时间虽然超出行业标准40%,但在用户体验行业中,属于"好"的标准,继续优化首屏到"非常好"的标准是下一阶段努力的目标。

表 3-2　39 健康网与同类网站比较

指标	性能数据					健康类网站行业标准	39 健康网超出行业标准百分比
	39健康网	搜狐健康	120ask	寻医问药网	薄荷女人网		
首屏时间(秒)	3.0	4.5	2.4	3.1	3.7	5.2	42.31%
页面打开时间(秒)	16.0	13.8	8.4	22.6	11.4	16.3	1.84%
下载速度(KB/秒)	113.9	92.4	118.3	100.8	238.5	84.1	34.36%
页面可用性(%)	100	99.5	100	99.8	100	98.7	1.32%

(2)39 健康网跟国内知名综合门户网站比起来,还存在较大的差距,腾讯的标准是 39 健康网要努力的目标。

表3-3　39健康网与门户网站比较

指标	性能数据					门户类网站行业标准	39健康网超出门户标准百分比
	39健康网	新浪	腾讯	网易	搜狐		
首屏时间（秒）	3.0	2.7	1.8	2.1	3.0	2.9	−3.44%
页面打开时间（秒）	16.0	16.9	5.5	17.8	8.7	14.4	−11.11%
下载速度（KB/秒）	113.9	105.5	116.5	113.5	107.3	101.8	11.88%
页面可用性（%）	100	99.9	100	99.8	100	99.9	0.1%

（三）清晰划分目标

目标分类可以有不同的划分方法，可以根据量化程度，将目标分为定量目标和定性目标；也可以根据目标的所在组织层次，将目标分为公司目标、部门目标以及个人目标；当然，还可以根据目标的性质以及目标适用对象来划分目标。前两种划分方法相对容易理解，我重点对后面这种划分目标的方法予以说明。

1. 按照目标的性质来划分目标

一个团队的目标可以分为常规工作目标（已有较为成熟的程序与工作方法，占用较多的工作时间与精力，不做会影响公司正常运作与管理，例如：每月核发工资问题）、创新改善目标（一种是过去不存在的事情，新目标的实施将改善公司的运营管理；一种是过去存在，但是工作效率不高，对工作方法与流程予以优化，当创新改善到一定的程度，成熟以后就有可能变成常规工作目标）、重点战略目标。

正常的形态是哑铃形状的目标分布，常规工作目标和创新改善目标互动交流较多，一个组织不能光强调创新改善目标、重点战略目标，也要关注常规工作目标。要特别强调的是不能为了创新而言创新，而是鼓励员工在本职工作的基础上，对常规的工作进行创新，特别是占据员工时间与工作精力较多的情况下。

2. 按照目标适用对象来划分目标

可以按照员工对象来提供相应的产品与服务，具体见表 3-4：

表 3-4　按照目标适用对象来划分目标

类别	项目	说明	待改进员工	普通员工	潜力骨干
人才甄别	人才盘点	季度 / 年度盘点，甄别员工属性	√	√	√
	员工访谈		—	√	√
	专项调研		√	√	√
人才培训	雏鹰计划 / 新员工培训	针对新进员工关于企业文化、业务了解的统一培训	—	√	√
	精英计划（基础版）	由业务部门主导，针对业务线专业技能的培养	√	√	√
	精英计划（升级版）	由人力资源部主导，针对公司关键业务或能力制定培训计划，如产品运营系列培训	√	√	√
	英杰计划	储备经理人培养计划	—	—	√
	雄鹰计划	管理层培养提升计划			

续表

类别	项目		说明	待改进员工	普通员工	潜力骨干
人才使用	轮岗		培养员工对公司核心价值观的理解，提升全局观	√	√	—
	挂职		培养管理干部，跨业务线交叉挂职锻炼	—	—	√
	任命／升职		对绩优骨干的职位提升与任命	—	—	√
	免职／淘汰		对不贴合业务发展的管理者及员工进行免职或淘汰	√	—	—
激励制度	薪酬调整		结合工作表现调整薪酬，激励发展	—	—	√
	职位晋升		对表现优秀的潜力骨干给予职位提升	—	—	√
	优先入户		公司优先提供广州户口入户办理事宜	—	—	√
	荣誉表彰		包括但不限于长期服务奖、突出贡献奖、优秀部门、优秀项目	—	—	√
	商务考察		对突出贡献员工给予交流学习、旅游考察等奖励	—	—	√
信息化	人事流程		人事流程实现 OA 信息化，提升工作效率	—	√	√
	E-learning（网络学习）		打造 E-learning 平台，实现在线学习及知识沉淀与分享	√	√	√

108

（四）目标从何而来

前面讲过目标的分类以后，有的管理者仍会问，还是不知道如何制定目标；还有的管理者告诉我，他对下属制定的目标不是特别满意，但是下属又无法提供新的目标，他对其目标的制定也两眼一抹黑，怎么办？实际上，需要从本质来进一步理解目标的来源，为什么会有目标呢？目标的来源有 2 个方面：第一是目标制定人的自我追求。我的一位同事曾经说过，目标管理或者绩效管理都是约束那些没有追求的人，换而言之，对于自我要求甚高的人，其实是不需要有目标管理或者绩效考核的。第二是来自内外部的需求。常见的目标需求有 3 个，公司战略、团队协作、职责定位，对需求进行分析与研究，可以有效地制定一个部门或者个人的目标。下面以制定一个部门的目标为例，逐一介绍目标的3 个需求。

1. 公司战略

对于一家公司而言，无论是否写在纸面上，其实都是有公司战略的。一个组织的内设部门的工作目标是否能够有效开展，关系到公司目标能否达成，因此，公司内设的所有部门目标的制定与执行，不是毫无规律、杂乱无章的运动，而是从上至下的逐级分解与承接的过程。如果公司制定了某个战略目标，但是却没有任何一个部门对其负责，不难想象目标如何能够得到有效贯彻与执行。有的公司采用平衡记分卡的方式来分解，我认为对于大部分中小企业而言，这过于复杂。以 39 健康网的战略分解来举例。39 健康网某年的年度目标如表 3–5。

表3-5　39健康网某年的年度目标

拓展影响力 广告收入持续增长	提升产品力 提升用户体验与用户贡献	增强竞争力 提高经营效率	开展新业务 优化公司收入结构
专业权威前沿的健康资讯 5个居领导地位的核心产品 月度覆盖7000万至8000万人 北上广深三甲医院全面合作 20位重量级39健康专家团 15家以上大品牌客户认可合作	用户需求的深度理解 加强产品策划与交互设计 提升技术开发能力 产品质量控制与监测 培育核心用户	重塑品牌价值 价值观塑造 管理体系与工作流程塑造 指标与考核评价体系建设 技术信息系统建设 人才梯队建设	电信增值 电子商务 医学教育

　　我在公司负责内部运营管理工作，分管总裁办、人力行政中心等部门。因此，管理体系与工作流程塑造、指标与考核评价体系建设、技术信息系统建设以及人才梯队建设就成为我分管部门的 KPI 或重点工作。

2. 团队协作

　　对于市场化运作的企业而言，任何一个部门都有其存在的价值与使命，如果不能增加公司绩效产出，不能增加业务部门的绩效产出，这样的部门是没有必要存在的。虽然几乎所有的管理者都明白这一浅显的道理，但管理实践中往往是南辕北辙，各个部门往往从自身利益出发，而不是从别人的角度出发来开展工作，每个人都在考虑"如果我付出时间、精力与资源，我的目标完成受到影响怎么办"。因此，缺乏有效的跨部门团队协作，已让大多数管理者头痛不已。

　　其实问题不难解决，既然每个部门都会自己设定目标来努力奋斗，那么将对其他部门的协作支撑变成其工作目标或考核指标即可。此类指标通常不是由公司领导或者人力资源部门制定，而是经由指标评审会来处理。具体而言，当各个部门已就 KPI 与公司领导进行初步沟通后，公司就可以组织指标评审会来解决跨部门协作问题。

指标评审会的参与人员宜精不宜多，可以按照"支撑谁，谁评审"原则来安排参加评审的部门，尽量不安排无关的部门参加评审。团队协作需求的指标应当成为评审会重点，每个部门，特别是有上下游支撑关系的部门，通常在会议上对支撑自己的部门目标盯得非常紧。公司领导应当鼓励被支撑部门大胆提出协作需求，鼓励大家在指标评审会上各抒己见、畅所欲言，甚至相互争论得面红耳赤才是会议成功的表现，并以此为基础来修正被评审部门的考核指标。需要注意的是，当部门之间对考核指标的理解与需求发生分歧时，公司领导在此时需要站出来拍板，一定要在会议上就分歧进行决策，拍板不是找到一个完美的解决方案，而是找到一个在现阶段最好的解决方案，这对公司领导而言，也是一个反思对部门考核指标制定是否科学合理的机会。这样制定出来的部门考核指标已包含了团队协作的需求，对部门之间的团队协作会有强有力的牵引与导向作用，公司内部的团队协作氛围会愈来愈浓厚。

3. 职责定位

一般来说，每个部门都有自己清晰的职责界定，随着时间的推移，在不同的发展阶段还有不同的定位。以 39 健康网人力资源部门为例，人力资源管理发展一步一个脚印地走过了 5 个阶段：一是日常事务型，主要是应对人力行政方面基本事务，公司人数不多，人力行政主要做好日常事务即可；二是职能加强型，随着公司规模发展到一定的阶段，组织发展客观要求企业需要在人力资源某些领域加强，例如绩效管理、薪酬管理等；三是系统优化型，组织规模进一步扩大，必须将人力资源管理的多个领域进行全方位的考虑，基本的人力资源模块已经建立，公司开始推行人力资源信息化建设等；四是业务伙伴型，从人力资源走向业务，人力资源部的组织架构也从职能导向向"职能＋业务"的模式转变，深入了解业务、服务业务、支撑业务，业务导向的人力资源管理体系已经初步形成；五是驱动业务型，人力资源管理不再是仅仅被动响应业务需求，而是会适度地影响业务发展，这对人力资源管理提出了更高的要求与标准。每个部门都应该围绕自己的职责与定位，来拟定部门考核指标。

二、难也要达成目标

　　不同的人对待有挑战性的目标，态度是大相径庭的，常见两个极端：一种人面对目标先是怀疑与抱怨，怀疑上司制定目标的科学性，抱怨公司给的各种资源不足，然后躲避目标，期望上司能够将目标转交他人完成，最后看到目标进度与计划相差太大就直接放弃；另外一种人则刚好相反，拿到目标以后不会怀疑目标是否合理，义无反顾地投入到向目标前进的道路上去，遇到各种困难和资源的短缺都会想尽一切办法来达成目标，即使目标制定环节可能出现一些问题，但是在执行过程中，这样的员工也往往能够创新性地修正并完成目标。

　　我曾经招聘过一个优秀的广告销售人员 A，刚刚招聘进来的时候其实并不知道他优秀与否。每个销售人员都知道销售靠业绩说话，A 进入公司后在销售工作上异常勤奋，进入公司不到一个月，他就在河北搞定了一个大客户，但是在签约的时候遇到一个难题。因为 A 是公司的新销售人员，而公司总部在广州，之前客户与我们公司也没有合作过，无论是销售人员还是公司，都是初次合作，客户缺乏对 A 以及我们公司的信任。因此，客户向 A 提出了一个要求，要求公司先上线广告，再向公司支付首期广告费用。然而，公司早有明文规定，要求所有的广告必须收到款项以后才能上线。好不容易搞定一个大客户，A 却陷入一个难题，说服公司吧，自己是一个新人，在公司没有任何的沉淀，还没有出一单业绩，估计没有戏；说服客户吧，客户态度很坚决，如果不能满足客户的要求，这笔交易就黄了。

说到这里，我想大部分人都会束手无策，有极大的可能会放弃这个客户。让人意想不到的是 A 创造性地解决了这一难题。他认真想了想，对客户的需求以及实力有充分的把握，考虑不大可能说服公司或客户，A 以客户的名义向公司账户转入一笔相当于首期款的金额，并告诉公司客户的首期款已到，然后名正言顺告诉客户，公司为了他们调整了广告上线流程，客户很爽快地向公司转了广告首期款。最后，公司收到客户的首期款后，A 将事情的来龙去脉向公司做了解释，拿回了自己垫付的广告款。就这样，A 利用他的聪明才智，另辟蹊径并完美地解决了问题。

（一）定目标，方法留给下属

要想自己的下属能够快速成长，管理者在工作中就应当采用"只定目标，不给方法"的方式。

什么是"只定目标，不给方法"的工作方式？我先讲一个真实的故事。有一次，曾经共事过的一位管理者向我抱怨："老马，你说说看，每次我都是非常用心地向下属布置工作，工作开展的每个细节、工作方法与工作思路都告诉下属，为什么他们工作能力提升得非常慢，遇到类似的工作还是无法独立思考与执行？"

"问题出在你身上。因为你的事无巨细，让你的下属产生了对你极度的依赖感，遇到任何工作，他们都不需要思考如何开展工作，都在等待你的指示与指导，他们知道从你身上获得解决问题的思路远比自己实践要好。你不是对下属还有一句经典的口头禅嘛，'过来我们捋一下工作'。正因为你丰富的工作经验，帮助他们避免了工作出现问题与失败的情形，但这恰恰也导致你的下属丧失了宝贵的成长机会，要知道即使是失败，对于下属来讲也是一种成长。"我直言不讳。

听完我的回答，我的这位前同事陷入了沉思。对于不少管理者而言，在向下属布置工作方面，常常是好心办坏事，以为布置工作就应该告诉具体方法与思路，相信员工可以从中学习到做事的思路与方法，相信员工可以从这种工作方式中举一反三。但结果往往是南辕北辙，让管理者大跌眼镜。

正确的方法是以员工能力来布置工作，即管理者在向下属布置工作的时候，要判断一下该员工是否有成功实施类似工作的经验，如果有类似成功经验，管理者不宜管理太细，只要向下属下达具体的目标即可，让下属在目标限度下自由发挥；如果没有类似工作经验，管理者可以告诉下属工作目标，要求员工自行思考琢磨达成目标的思路，等到员工有具体的工作思路和方法以后，就安排员工向自己做一次开展工作思路与方法的汇报。汇报不必复杂，不必花费大量的时间来做精美的PPT，或者形成书面的工作方案。一般情况，采用口头汇报的方式进行，更复杂的工作目标可以采用画草图的形式，让下属在草稿纸上将工作思路画出来，一边讨论一边修正下属的想法。我自己喜欢在办公室的墙面上涂写。

这种方法会强迫下属自己去思考工作思路与方法，即使通过上下级之间讨论后修正了自己的想法，下属也能够从这一过程中受益匪浅。需要注意的是，这种方法和"只要结果，不管过程"的方法有天壤之别，不仅要求结果，同时也是对达成目标进行过程管理。特别是，当有的工作任务连管理者自己都没有做过的时候，更应当花时间精力到工作思路与方法的讨论中来，而不是给员工营造一种困难的工作都留给员工、员工孤军奋战的感觉。

（二）活用绩效考核

不少管理者一谈到绩效考核就头痛，要么觉得绩效考核增加他们的工作量，要么觉得绩效考核没有什么作用。我认为绩效考核是管理者在带团队过程中，最最重要的管理工具，没有之一。如果没有绩效考核，所有的管理要求就会沦为口号，团队管理毫无力度，更不用提有效识别员工的绩效产出与工作表现，客观公正开展员工奖惩工作，这一切都是建立在实行有效绩效考核的基础上。

从管理实践来看，员工绩效考核并不是一件非常复杂的事情，简单来说就是将模糊的管理要求变成清晰的工作要求与标准。管理者在实施员工绩效考核的过程中务必要注意以下 3 点：

1. 结果为主抓过程

员工绩效考核一定是结果导向，衡量员工应依据他在岗位上做出的工作成果与价值，而不是过程性的数据。例如：评价律师的绩效更多是看他赢得的官司，而不是看他在法庭的辩论中使用了多少法律词语；评价医生的绩效是看其治疗的病人健康的改善情况，而不是看他查看了几次病房，开了多少药。但是，管理者也必须要关注员工在实现目标过程中的方法与价值观，并不鼓励员工采用违规违法或者破坏团队协作的方法来完成绩效目标，管理者必须对绩效考核中出现此类行为予以打击。

2. 动态调整有重点

有的管理者把绩效考核当作是万金油、灵丹妙药，几乎所有涉及的工作都会与绩效考核挂钩。我看到有的企业的员工绩效考核指标超过20项，每个考核指标的权重不到5%，这样复杂的考核体系怎么可能让员工抓住工作的重点呢？一般而言，员工绩效考核要抓住主要矛盾，对于员工的月度考核，其绩效考核指标一般不要超过8个。此外，绩效考核内容不是一成不变的，而应因需而变，考核指标本质上是管理者的指挥棒，考核的是管理的薄弱环节以及需要提高的环节，不同的发展阶段考核指标不同，就是同一岗位的不同员工考核指标都有可能不同。

通常，我在对下属的考核指标中，不会将每月例行工作纳入绩效考核范畴。但我发现下面一位负责培训工作的同事，连续2个月都没有按规定完成例行工作，经过诫勉谈话以后还是没有改善，于是，我在其月度绩效考核指标中增加了一个考核内容，实施效果极好。这条考核内容包括上月培训计划总结（含交付培训与考核、外派人员讲师信息汇总）和本月培训计划公布（计划均在每月3日前完成，延期1天扣5分；部门负责组织培训计划取消超过2个的，每取消1个扣2分；人力负责组织培训计划未经同意取消的，每取消1个扣5分）。

3. 以公开促进公平

中国传统文化一直是"不患寡而患不均"，非常强调公平，对于像绩效考核这样涉及员工核心利益的制度更是如此。但在绩效考核过程中如何能够实现公平呢？说起来容易，做起来难。我刚刚加入一览网络的时候，第一次实施绩效考核工作，一位绩效考核结果不佳的员工向我投诉，他对绩效考核结果不服，原因是考核内容他是在得到考核结果的时候才知道。虽然，再三强调上下级之间要就绩效目标进行双向沟通，仍然有不少的管理者简化了这一环节。为了避免发生这种问题，减少因为绩效考核而产生的矛盾，我要求绩效考核全过程公开，具体就是制定绩效制度工作、拟定绩效目标公开，发布绩效结果公示，绩效结果应用公开等，将绩效考核的结果信息在公司内部全面公开（考核结果可以在部门内部公开），能够倒逼管理者严肃认真对待员工绩效考核工作。从此，因为绩效信息不对称产生的问题，在公司内部再也没有发生过。

（三）清单管理工作任务

我发现不少管理者热衷于每天不停地开会、布置工作任务，而且每天都在布置新的工作任务，对于之前布置的任务早就丢到爪哇国去了。我很难理解这样的工作状态，每天布置的工作任务很难完成，因为一个员工在一个时间段内把3—5件重要的工作做好、做到位就已经不错了。我也不得不指出这样的管理者不在少数，以为向下属布置完工作以后，下属就能够自动完成工作，这是管理者常常会犯的错误。我常常对公司内部的管理者讲，听到不一定听懂，听懂不一定理解，理解不一定执行，执行不一定执行到位。管理者必须要理解，一项工作任务从布置到能够落实到位，中间有无数的阻碍环节，因此，管理者必须要学会用清单管理团队的日常工作。

1. 正确的习惯

管理者布置工作要养成一个最为基本的习惯，就是要做好布置工作任务的记录。德国著名咨询公司罗兰·贝格公司的创始人罗兰·贝格先生可谓是日理万机，但凡是和他打过交道的人都知道，他不会忘记哪怕是一件小事。他每天接触大量的各色各样的人物，每一件需要自己和别人做的事情他都会用录音机记下来，让秘书打印并发放给相关的人员，他通常每天会发出 40—50 个"内部备忘"给不同的人。这当然是在完成一个管理者首要的任务：布置工作和做某些决定。但这仅仅是事情的开始。每一份"内部备忘"都会被写上一个时间，到了这个时间秘书就会把这个"内部备忘"重新放在罗兰·贝格的案头。[①] 所以，没有任何一个人能够侥幸让他忘记一件他关心过的事情。因此，管理者一定要让自己布置的任务都留有痕迹，让手下的员工觉得只要是上司布置过的任何一件事情，上司都记得而且会要求有工作结果。

2. 合适的工具

不少管理者都喜欢用大而厚的本子来记录工作，书面记录这种方式有明显的缺点，例如不便于查询、记录的内容有限等。幸好，随着互联网技术发展，管理者现在有了更多的工具可以选择，能够帮助管理者提升布置工作的效率与有效性，对管理者的工作起到如虎添翼的作用。例如为知笔记、印象笔记、有道云笔记等。我个人比较偏好的是微软自

---

① 宋新宇. 让管理回归简单 [M]. 北京：中央编译出版社，2010：83.

带的 Onenote 与 Desktopcal，前者是一款非常灵活的跨平台的笔记记录工具，主要用于记录工作任务与工作总结，可以在电脑、手机、云平台之间自由切换；后者是一款在线日历，主要用来管理特定日期的工作任务，同时可以随时将整个日历安排上传到云端，换一台电脑也可以查看。有兴趣的读者，可以试用并选择适合自己的软件，相信您的工作效率一定会提升不少。

3. 恰当的监督

布置工作的关键不是下达任务的那个时刻，恰恰相反，这才是布置工作任务的开始。对于管理者而言，向下属布置完工作任务以后，应加以恰当的监督。所谓恰当，不是布置完工作任务以后，要求员工每天都要来汇报一下工作进度，这样既降低工作效率，又会让员工觉得上司对其不信任；而是针对不同下属，采用不同的管理策略。具体而言，对于靠谱的下属，管理者基本可以不必花费太多的精力在监督上。但对于需要督促的员工，管理者不能放松警惕，必须要不遗余力地在过程中紧盯目标，特别在关键的时间点、关键的动作上，管理者要对下属的进度予以关心，而不是不管不问，否则，一切意想不到的事情都可能发生。

有一次，公司整体搬迁到新的办公楼，我提前 3 个月与行政部、技术部等部门同事，一起研究并制定了详细的搬迁方案。整个搬迁准备工作似乎非常顺利，搬迁前一天我走到公司楼下的时候，还在想明天就要搬家了，应该不会出什么问题吧，但转念一想，我马上又对自己的想法进行否定——要有问题的话，我的下属一定早就告诉我了。结果我刚走进办公室，技术部的同事就急急忙忙跑到我的办公室，告诉我经过多次与电信运营商协调，新办公室的光纤明天无法接通。我一听血压立刻就上来了，要知道我们是一家互联网公司啊，300 多人到了新的办公室无法正常使用网络成何体统。虽然，这件事后来得到圆满的解决，但是给了我一个深刻的教训，教会了我要对重要工作进行恰当的监督。

（四）明确优先次序

时间管理排序法指出，工作任务可分为重要性和紧急性两个维度，处理任务次序应当为：重要且紧急＞重要但不紧急＞紧急但不重要＞既不紧急也不重要。这种方法简单明了，有非常强的实用性，在实践中还会有一些改进，具体方法是：

1. 用 Excel 列出来所有需要完成的工作任务，避免遗漏。但不对列出的工作任务排序，因为多数任务需要跨越多个工作日才能完成，在这个阶段排序的意义不是特别大。

2. 每天上班前打开自己的 Excel 任务表，以此为基础，把当天需要完成的工作任务列成清单，单独写在一张纸上，按照重要性、紧急性以及协作性排序，注意在这里增加一个协作性。因为，现在有许多工作任务需要得到其他部门或同事的协作才能完成，遇到此类工作可以先与协作方做好工作安排，这样其他同事提供协作的同时，你就有时间处理其他工作任务。

3. 在实现既定的目标后，需要及时整理完成任务的经验与教训到 Excel 任务表中，否则时间久了以后就记不起来，这个环节是大家容易忽视的环节。只有通过不断的反思与总结，你才能知道下次遇到同样的事情，怎样做会更加有效率。

三、帮下属找到职业目标

什么是职业生涯规划？职业能规划吗？你从一开始就想到你能到现在的公司工作吗？再往前推，你能一开始就规划你读哪个专业吗？生涯能规划吗？好像你可以规划。但是，大部分和机遇有关系。注意，我用的是"机遇"这个词，机遇和运气不同，前者带有准备和等待的色彩，后者纯粹是等待，守株待兔，而不是主动出击。我自 2003 年开始读了民商法的研究生，到 2006 年左右的时候毕业。后来换工作的时候，刚好 39 健康网需要招聘一个既懂人力资源管理又懂法律的总监，招聘了很久都没有找到，因为懂人力资源管理的人不少，懂法律的人也很多，但是刚好两者都有一定基础的人就很少，结果我非常幸运被招聘进入 39 健康网。

职业生涯规划主要和两个因素有关，第一个是员工自己，第二个是员工所在的组织。管理者为什么要帮助员工做职业生涯规划？有人说职业生涯规划对公司有好处。这是因为，只有当员工的梦想和所在组织的梦想保持一致，双方的目标轨迹重合的时候，在帮助员工实现自身价值的前提下，才能更好地实现公司的目标与价值。

（一）对下属的人生负责

一般而言，可以将一个人的职业生涯划分为 4 个阶段：职业探索期（22—24 岁）、职业构建期（25—32 岁）、职业发展期（33—40

岁）、职业成熟期（41—60岁）。基本上，一个人是否能够做出成绩，参加工作的前10年是最为关键和重要的阶段。这10年的成长基本上对员工个人发展起决定作用。员工的职业生涯规划重点在于前两个阶段，把基础打好了，后面的快速成长与发展就不是大的问题。这也是管理者为下属人生负责的重要阶段，需要帮助员工树立起正确的职业观念。

1. 喜欢 VS 不喜欢

管理者要让下属明白，在择业的时候可以选择，择业以后就不应该选择。要想拥有一个充实的人生，下属只有两种选择，一种是从事自己喜欢的工作，另外一种是让自己喜欢上从事的工作。一个人能够碰上自己喜欢的工作的概率，恐怕不足千分之一，而且，即使进了自己所期望的公司，要能分配到自己所期望的职位，从事自己所期望的工作，这样幸运的机会几乎没有。大多数人初出茅庐，只能从自己不喜欢的工作开始干起。但问题是，多数人对这种不喜欢的工作抱着勉强接受、不得不干的消极态度，因此对分配给自己的工作总是感到不满意，总是怪话连篇、牢骚满腹。这样下去，本来潜力无限、前程似锦的人生只会白白虚度。正如你可以决定娶什么样的老婆，但是不能决定岳母岳父是谁。同样你可以决定加入什么公司，但是没法决定上司是谁，因为上司是会更换的。

2. 管理 VS 非管理

很多员工都以为成长就意味着走上管理岗位，这样做最大的一个后遗症就是，很多优秀的员工很难专注于本专业的工作，一窝蜂地都涌向管理岗位，也不管竞聘的专业要求和他本人的专业是否相同。这种晋升机制并没有实现当初制度设计的初衷，反而降低了人力资源配置的效率，造成了人才流动的逆向选择。事实上，员工在一个公司里面的成长不会只有一种选择，不可能都去做管理工作，而且，不是每个人都适合做管理工作，也不是每个人都愿意做管理工作。管理者也需要教育员工即使在不同的岗位上，也应该做到极致和优秀。与此相配套的是，管理者应当帮助公司建立起职业双轨晋升机制，为员工提供管理和专业两种不同的发展路径，鼓励员工各展所长，既可以选择职业经理人作为发展目标，也可以走专家路线，避免千军万马争过独木桥，实现多重晋升，进而达到人力资源合理配置的最终目的。

（二）皆是可造之才

每个员工都有自己的长处与短处，人人都是可造之才，关键是放在合适的岗位上。对于管理者而言，这就转化为识人的工作。就识人而言，看起来极为简单，实则复杂无比，没有丰富的工作经验和人生阅历，不大可能在识人方面做得很好。不要说管理者对他人进行判断与分析，很多人连自己都无法认识自己。一说到这个，有人就反问，自己还不了解自己吗？呵呵，还真不一定。国外的心理学家曾经做过实验，调研了很多夫妻，让夫妻双方在相互没有沟通的情况下，写下自己和配偶对家庭的贡献，用百分比来表示。调查结果是，夫妻双方对自己的评价加在一起几乎全部大于100%，而对对方的评价往往都比自己的评价要低。从上述实验中，可以得出一个基本结论，大部分人都高估自己，低估别人。

从古至今，人们都想充分地认识与了解自己，专家学者一直都在做相关的研究工作，试图找到人们所擅长的工作，开发出非常多的工具。最为有名的是美国约翰·霍普金斯大学心理学教授、美国著名的职业指导专家约翰·霍兰德（John Holland），他于 1959 年提出了具有广泛社会影响的"职业兴趣理论"。他认为人的人格类型、兴趣与职业密切相关，兴趣是人们活动的巨大动力，凡是具有职业兴趣的职业，都可以提高人们的积极性，促使人们积极地、愉快地从事该职业，且职业兴趣与人格之间存在很高的相关性。他将人格分为现实型、研究型、艺术型、社会型、企业型和常规型 6 种类型，不同的类型适合不同的工作，并以此为基础开发出霍兰德职业倾向测试量表，感兴趣的读者可以自己测试一下。对于工作经验不多的管理者，可以借用霍兰德职业倾向测试量表来分析下属的优劣势。但是，需要注意的是，职业倾向测试量表只能作为一个识人的参考，原因有二：测试不是以中国人作为模型进行研究的，是建立在西方文化与价值观体系下的，具有明显差异性；测试本身对于有工作经验的人更加有效，因为人的兴趣和能力都是在不断变化的，应届毕业生涉世不深，对很多工作都不太了解，本身又有很大可塑性，测试结果不一定准确。

为了更好地对员工的才干进行判断，还要定期实施人才盘点工作，一般会安排在年中或者年末，主要目的是了解并熟悉团队成员现状，既能为人才培养提供依据，又能为未来人力资源质量提升提供方向。下面介绍一下人才盘点的主要操作流程与方法。

首先，要求管理者对员工进行分类，主要根据员工在日常工作中的表现及承担工作的重要性等给出所属类别。

（1）"骨干员工"指对业务开展不可或缺，替代性较弱，且表现较好。

（2）"潜力员工"指综合表现较好，且具有较高潜力，拟着重培养。

（3）"普通员工"指承担工作对业务重要程度较一般，日常表现尚可。

（4）"急需改进"指日常表现有待改进，需要给予进一步指导。

其次，要求管理者从核心价值观、核心技能、工作绩效 3 个维度给出评级，共有 5 个等级，分为 A⁺（对应分数为 95 分），A（对应分数为 85 分），B（对应分数为 75 分），C（对应分数为 65 分），D（对应分数为 55 分）。按照总分从高到低进行排序。

最后，请团队负责人针对所属类别为骨干员工和急需改进的员工给出个人评语。对于管理者而言，时间、精力与资源有限，应当重点关注人才队伍的两端，前者是公司人力资源的宝贵财富所在，后者是公司短板所在，也是人才队伍调整优化的重点对象。

（三）成长双通道

为了帮助人才在公司内部合理地流动，应鼓励员工到最适合自己的岗位上发挥最大的作用。人才流动可以是平级流动，从分公司竞聘到总公司某个岗位；也可以是跨级流动，从普通员工竞聘成为经理级员工。它的一个最大的特点就是，员工竞聘是建立在单一晋升机制的基础上。所谓单一的晋升机制，指的就是员工岗位的变动只能在单一的晋升途径中进行，这种晋升机制通常局限于管理岗位。如果报酬机制主要是与职务的高低相挂钩，那么员工要提高他的收入，很自然地就只能参加管理岗位的竞聘。

如前所述，管理者应当在公司内部建立起员工专业与管理成长双通道，并且要建立起具体的晋升评价机制，通常是通过公开竞聘的方式进行。一般的流程是，通过资格审查的员工提交竞聘报告，然后参加公司组织的面试答辩会。这种竞聘方式与管理岗位的竞聘特点紧密联系。而作为专业岗位人才的选拔，其人员素质的要求不同，选拔测试的角度也不同，因此，需要建立起与传统员工竞聘不同的选拔方式。

以过去我在中国电信的实践为例，人力资源部对专业岗位竞聘设立了科学严格的选拔程序，对于符合竞聘条件的员工，要通过三大部分的考察：

1. 专业笔试

既然是专业岗位，那他必然是本专业的专家、专业技术的带头人，测试应聘人员的专业能力就成为专业岗位竞聘与普通竞聘最大的不同。因此，为了测试应聘者在不同专业技术领域的实际水平，营造一个科学公平合理的考试环境，人力资源部特地邀请外部专家为不同的应聘岗位设计了不同的专业笔试题目，科学全面地考察应聘者的专业能力。

2. 评审答辩

通过笔试的员工，参加由公司各级领导组成的评审答辩会，评委会针对应聘者的专业技术报告，从专业角度进行评审与提问，然后进行评分。为了消除不同评委打分的差异，并对录用提出意见，对不予录用意见超过半数的应聘人员，即使得分再高，也不予录用。

3. 组织考察

人力资源部与纪检监察室的人员来到通过评审的应聘人员所在部门，对应聘人员进行组织考察，其方式是通过应聘者的直接上级和同事对其打分评价，全面了解应聘者在实际工作中的"德、能、勤、绩"。

这3个部分的评价都以100分为满分，它们分别占竞聘总成绩的比重为40%、30%、30%，只有综合得分最高且在80分以上（含80分）的应聘者才有获得专业岗位的资格。

实施专业岗位的竞聘工作，既让竞聘者发挥所长，展示了各自的聪明才智和专业能力，提高了工作积极性，也在员工职业生涯规划、人员晋升机制的创新上迈出了第一步。

（四）职业规划落到纸上

管理者在帮助员工建立起正确的职业发展观，对下属有初步认识与了解以后，在与下属沟通过程中，应当有意识地对员工进行引导。一方面要根据员工的特长与不足，引导员工不要好高骛远，不要制定不切实际的目标和发展方向；另外一方面要根据公司的发展阶段与目标，引导员工与组织发展方向和目标尽量匹配。

当上下级之间已形成初步方向以后，管理者就可以鼓励员工将自己的职业成长目标写下来，变成具体文字，落实到纸面上，只存在于脑袋中的东西实现的概率都极低。前文我提到的一位下属，后来去招商银行广州分行人力资源部工作的那位，她在刚进公司的时候，有天中午和我吃饭，聊到关于职业规划的话题，我告诉她不管自己有什么样的想法，关键在于将想法写下来变成纸面的东西，然后坚定地去执行，才有可能实现自己的职业目标。我没有想到的是，第二天中午她拿着写好的职业发展计划来找我，希望我能够给她一些专业意见。"马上行动，说到做到"是她后来在职场成功的重要原因。

一般而言，管理者可以在工作实践、专业知识、人脉拓展等方面，协助员工做好职业生涯规划。

1. 工作实践

戴尔公司长期以来实行"70—20—10"的员工职业成长框架，如果把人的才能用百分比来划分的话，他们认为 70% 是通过工作经验来不断学习和提高，20% 是通过辅导和指导提高自身，而另外 10% 则进行正规学习来提升。对于大部分员工而言，工作的磨练是员工能力成长最为关键的因素。一方面，管理者应当明确清晰将此观念传递给员工，让员工理解与接受；另一方面，管理者可以顺其自然将工作目标与员工的成长计划联系在一起，赋予员工更多挑战性的任务与责任，让员工不断有新鲜感与成长感。我要求我的下属每半年都应当更新自己的简历，不是为了找工作，而是分析与判断自己在团队中是否有成长。

2. 专业知识

对于员工，最大的问题不是不知道，而是不知道自己不知道。管理者在专业岗位的工作经验更丰富一些，对专业工作的理解与认识也更加深刻。管理者应当帮助员工建立起体系化的专业知识框架，强调体系化是因为帮助员工建立起框架思维，不是一个点，而是一个面，使员工能够从点的学习中知道面的轮廓，从而实现全面的成长与发展。我当年在广东电信人力资源部工作时，就曾负责建立广东电信人力资源队伍的专业学习体系，具体如下：

为确保培训课程有效实施，公司对从事 HR 工作的同事在学习与培训上提出了具体要求，即基层员工 3 年修完基础课程，每年选择高级课程和通用课程各 1 门；中层和管理层员工 3 年修完高级课程，每年选择基础课程和通用课程各 1 门。培训学习结束后，各级人力资源管理者能根据学习内容以及本职岗位，设计本职岗位的工作优化计划并加以运用。如表 3-6 示例：

表 3-6 人力资源管理者培训课程体系

分类	课程列表	课程来源	学习方式	2010 年	2011 年	2012 年
基础课程列表	人力资源管理概论	企业开发	自修			
	工作分析与职位评估	企业开发	自修			
	人员招聘与内部配置	外聘顾问	集体授课			
	人力资源管理统计分析	企业开发	集体授课			
	员工培训与开发	企业开发	自修			
	绩效评估与管理	企业开发	自修			
	薪酬与福利设计和管理	企业开发	自修			
	基础 OFFICE 应用	企业开发	自修			
	职位设计与编制管理	企业开发	集体授课			
	战略人力资源管理	外聘顾问	集体授课			
	组织理论与组织设计	外聘顾问	集体授课			
	面试甄选理论与技术	外聘顾问	集体授课			
	管理运筹学	外聘顾问	集体授课			
	学习型组织与团队建设	企业开发	自修			
	素质测评与能力模型	外聘顾问	集体授课			
	员工激励与职业发展规划	外聘顾问	集体授课			
	高级 OFFICE 应用	外聘顾问	集体授课			
通用课程列表	人力资源管理规划	外聘顾问	集体授课			
	人力资源内控与流程优化	企业开发	自修			
	财务管理基础知识	外聘顾问	集体授课			

续表

分类	课程列表	课程来源	学习方式	2010 年	2011 年	2012 年
通用课程列表	员工关系与 HR 相关法规	外聘顾问	集体授课			
	社会保险与企业补充保险	企业开发	自修			
	咨询顾问技巧训练	企业开发	自修			
	管理学基础	企业开发	自修			
	组织行为学	企业开发	自修			
	时间管理与工作效率提升	企业开发	自修			
	市场竞争与公司主营业务展望	企业开发	集体授课			
	最新人力资源理论与实践研讨	外聘顾问	集体授课			
	人力资源管理师认证辅导	外聘顾问	集体授课			

3. 人脉资源

人是社会性的群体动物，离不开人与人之间的交往。员工工作绩效的成功几乎都来自其他人的支持，特别是自己所支撑对象的支持。因此，管理者应当帮助下属与支撑对象之间建立良好的人脉关系，可以采用新人主动介绍自己，参加支撑部门的会议，与支撑部门的同事共进午餐，积极参与到支撑部门的团队活动中等各种方式，帮助下属快速与支撑部门建立良好的人际关系。这不仅有助于员工更好地实现团队协作，而且促使员工站在业务部门的角度去思考问题。此外，管理者也应鼓励员工积极有效地拓展外部人脉，例如参加各类专业论坛、外部培训、圈子聚会等，让员工得到资深人士的帮助指点，开阔视野，获取更多有价值的资源和内容。

这 3 个方面基本囊括了职业规划的核心内容，当上下级之间相互沟通交流后，把每个员工的职业生涯规划写下来，大方向要定下来，一般不要进行更改，但是细节可以在实践过程中不断修改与完善，不是一成不变的。

四、决策不是拍脑袋

花旗集团前董事长韦尔曾说："如果员工不愿意犯错误，他们就永远不可能做出正确的决策。如果他们总是犯错误，你就应该让他们去为你的竞争对手工作。"

对于管理者而言，每天最主要的工作就是决策，最为头痛的问题也是决策。作为掌握公司各种资源的管理者，职位越高掌握的资源以及对公司的影响力就越大，稍有不慎，决策失误给公司带来的损失也巨大。因此，决策就成为管理者工作是否有成效的关键所在，只有有效决策才可能帮助管理者高效达成公司下达的各类目标。虽然，管理者天天都在做决策，但是否有思考过决策模式有哪些呢？一般而言，决策模式可以分为3种。

1. 从众模式

从众模式即以众人的意见作为决策和判断的依据，常见的方式是平等投票，其基本理念是"群众的眼睛是雪亮的，群众的智慧是无穷的”，似乎实验也证实了这一点。在美国举行的科技、娱乐和设计年会（TED）上，一位来自以色列的演讲者将一头公牛牵上台，要求台下观众猜测公牛的重量，500多名观众通过手机和网络参与了这个实验。其中最低的猜测是154千克，最高的是4000千克，平均值是896千克，而这头牛的真实重量是897千克。从众模式在政治、经济、生活中应用较为广泛，但就企业管理而言，从众模式有明显不足。第一，参与决策的人数太少，会导致个体判断的误差无法实现相互抵消，从而导致最终决策的结果偏差过大；第二，参与决策的人属于利益相关者的话，会导致决策偏离既定目标。我曾经见过一家公司，无论是评价优秀员工，还是评价待淘汰的员工，居然都是采用全体员工投票评选，不难想象，在这样的公司中，绩效管理是无法得以推行的。

2. 从权模式

从权模式通常与组织的权力分配有关系，这种权力与决策紧密联系在一起。一般而言，这种权力主要来源于职位，谁的职位高，谁就说了算，或者谁在公司拥有的股权比重大，谁就有话语权，大家非常容易理解这两种权力来源的方式。随着“大众创业、万众创新”的不断推进，现在还多了一种权力来源——协议方式，主要是因为很多创业者在创业初期，为了把公司做大，不得不将公司股权让渡给资本方，一旦公司做大了，创始人的利益诉求与资本方的利益诉求往往是不一致的，创始人被资本方扫地出门的情形屡见不鲜，例如最近发生的汽车之家联合创始团队成员被资本方全部清理的案例。因此，部分创业者会采用让渡股权，但是保留投票权的方式，通过协议来保留决策权。京东集团日前递交给美国SEC（美国证券交易委员会）的文件显示，截止到2016年2月，刘强东持股16.2%，却享有80.9%的投票权。

3. 从贤模式

从贤模式是以聪明人的意见作为决策判断依据，其理论依据在于有智慧的人对事物的判断较常人更加准确。因此，政府在广泛地使用从贤模式，如各地的"政府特邀顾问""政府参事""政府专家咨询"等，都是从贤模式的具体应用。企业也经常使用这种决策模式，如聘请法律顾问、咨询顾问以及参加各种外部培训等。从贤模式的一个显著缺点在于，大多数情况下，无法判断谁是"贤"，或者说"贤"只存在于特定的时间与阶段，不具有可持续性，当"贤"变得"不贤"的时候，决策就可能出现问题。

因此，从管理实践的角度出发，企业一般会综合应用以上 3 种模式，而不是单一使用。对于高层决策而言，可能是从权模式为主，从众模式和从贤模式为辅。不管是哪种模式，只要适合自己企业的实际情况即可。

（一）决策的 3 个步骤

对于管理者而言，在遵循一定的步骤基础上，能够提升决策的有效性和效率。一般来说，有效决策可以分为收集准确信息、找对决策问题、确定最佳选项 3 个步骤。

1. 收集准确信息

常言道："兼听则明，偏信则暗。"其实说的就是收集准确信息问题。信息是决策的基础，如果信息不准确或者错误，管理者就有可能做出错误的决策，进而采取错误的手段和措施来处理问题。因此，管理者必须要高度重视与决策有关的信息质量问题，对于下属提供的信息与常识不符合的，应持有怀疑和批判的态度，特别是手底下有不太靠谱的员工时。我在工作中有过多次此类的经历。

2016 年 6 月，我发现深圳邮政推出"邮政同城小包"产品，并承诺"半日未达，免费邮寄"，目前每件快递仅需 6 元。公司现在也在用深圳邮政的快递服务，但是同样的快递公司付出的成本是 8 元，这还是与深圳邮政签订了合作协议的结果。看到深圳邮政推出的新服务，估计可以为公司节约成本，于是，我立马安排了行政部的同事与服务我们公司的邮政大客户经理沟通，很快行政部的同事就反馈信息给我："我们公司暂时不能享受深圳邮政新政策。"

"为什么呢？"我没有想到我们公司居然不能用"邮政同城小包"。

该同事连忙向我解释："是这样的，邮政同城小包对企业快递数量是有要求的，超过一定标准以后才可以享受，就我们公司的情况来看，要超过 1000 件才可以适用这个资费标准。"

"原来是这样啊！"我听完也觉得挺有道理的，而且我相信这位同事不会存心骗我，肯定给我提供的是真实信息，因此，我对这件事就没有再深究下去。

当天下班后，我在回家的路上经过邮局门口，突然开始觉得今天的决策有些问题，看到一辆辆绿色的邮政车上印满了"同城小包 6 元"的广告，并未看到任何关于快递数量的要求，会不会是我们沟通的人不对呢？长期与公司合作的邮政大客户经理，如果把快递费用降下来，会直接影响到其绩效或者收入，从正常的逻辑判断，可能是沟通对象出现了问题，从而得到的信息不是准确的信息。第二天一早，我马上安排同事直接通过邮政微信下了一个同城小包的单，让同事与上门服务的邮政人员沟通，果不其然，"邮政同城小包"根本没有任何关于数量的限制。没有想到吧，换一个人居然得到的信息是不同的，管理上的决策结果当然完全不同。

2. 找对决策问题

无论在生活中还是工作中，需要决策的问题，往往披着假象的外衣，形态各异，让人眼花缭乱，你不一定一眼就能够看到问题的本质。如果连要解决的问题都没有搞清楚，怎么可能做出有效决策呢？即使是暂时解决了问题，可能也只是头痛医头、脚痛医脚而已。

有天深夜，我因脚上的第一跖趾关节痛而惊醒，疼痛难忍，我以为是不小心在哪里碰着脚趾，第二天一早赶紧上医院，挂号后将脚趾剧痛的症状一五一十地告诉医生，医生认为是身体发炎的缘故，直接用抗生素输液，很快疼痛就消失了。但没有想到，两天以后疼痛再现，只不过疼痛的位置从脚趾转移到膝关节处。我又不得不再次来到医院，换了一个医生，医生怀疑我可能患上痛风，要我马上去做尿酸检查，拿到结果一看，果然我的血尿酸超标，找到疼痛的原因以后，医生开了专治痛风的药物，并叮嘱我平时如何预防痛风以及注意事项。经过这位医生的治疗，相当长一段时间痛风都没有再次发作。所以，如果连要解决的问题都没有找对，解决方案是不会起到任何作用的，甚至还会带来南辕北辙的效果。

因此，对于管理者而言，必须要有找对决策问题的意识，不能被问题所表现出来的假象所迷惑，不能被无关紧要的细节所影响，对于存疑的问题更要深入探究。在工作上找对决策问题也是类似的。比如，自从国家放开二孩政策以来，各地纷纷修订计划生育条例，大幅度增加了女员工的产假，不少企业的老板对此意见不少，特别是女员工比较多的公司更是如此。我曾经工作过的一家公司有这样一个规定，女员工在产假期间不能做销售业务。该公司是一家电话销售型的公司，而女员工占到公司员工总数的绝大多数，当国家的产假政策发生改变以后，老板对人力资源部的招聘工作提出要求，希望以后重点引进男员工，尽量少引进女员工。

你觉得这位老板提出来的问题，是不是管理者真正想要解决的问题呢？不是。老板要真正解决的问题是，女员工在产假期间如何能够继续为公司创造价值。从招聘角度来看，女员工从事电话销售工作较男性更有优势，人力资源市场上女员工的供给也远比男员工要多；从工作角度来看，电话销售等远程工作方式，本质上和员工是否在公司工作没有任何关系，禁止女员工在产假期间为客户服务的政策本身就有问题，基于对个人利益的追求，相信绝大部分的女员工都愿意在产假期间，继续与客户保持良好的沟通与联系。

找到症结所在，我的解决方案是为女员工提供2个选择方案，一是和公司之前的政策一致，不能做业务，没有提成，收入会降低；二是可以选择产假期间做业务，考虑到产假期间员工不能把全部的精力都放在业务上，员工可以选择调整目标，享受与正常上班的员工一样的考核激励政策。新的政策推出实行近半年以后，没有一个女员工选择不做业务，成效极为明显。

3. 确定最佳选项

当收集了准确的信息、找对决策问题以后，管理者可以针对要解决的问题，提供多个选择方案，从中选择最好的方案来实施。这是有效决策的最后一步，管理者要踢好"临门一脚"。

在提供解决方案的时候，最容易想到的都不是最佳的。通常，当人遇到问题时，头脑中就会立刻出现一个最初的解决方案，而这个一开始就能想到的，往往不是最佳的解决方案。这种第一反应，往往是基于过去的经验或者习惯而形成，缺少创新或效率；如果是涉及对抗性的策略问题，例如销售策略与商业竞争等，你能想到的，别人也能想到，你的策略很有可能不会起作用。因此，对于管理者而言，必须要对头脑中的第一反应保持警惕，不断否定自己，强迫自己寻找与第一反应不同的处理方案，要坚信对问题的解决方案，没有最好，只有更好。

管理者在孜孜不倦地寻找更好的解决方案的同时，还应该建立起相应的评价标准，不同的评价标准，方案选择也不同，有的考虑风险最低，有的考虑性价比最高，有的考虑速度最快等。管理者在决策过程中，应当建立起自己的评价标准，根据不同情况加以优化调整，才能找到最合适解决问题的方案。

（二）用数据说话

决策类型大致可以分为两种：一种是感性的决策，主要是拍脑袋、凭感觉，特别是有的管理者言必称我有多少年的商业实践，有多少多少商业直觉；另外一种是理性的决策，决策不是基于个人的好恶，而是基于事实，基于翔实的数据分析与论证。两种决策类型在经济生活中广泛存在，各有优劣。我不反对根据商业直觉来决策，但对于已经上了一定规模的公司，我还是建议管理者，特别是公司高层管理人员采用基于数据分析的决策方式。原因很简单，公司规模发展到一定的阶段，决策稍有不慎，就可能给公司带来重大损失，甚至是灭顶之灾，与之前小规模经营时相比，公司现在已经经不起折腾了。

一般来说，就企业经营管理而言，用于管理决策的数据主要分为以下两种：

1. 常规数据

经济学家戴维·亚克森指出：管理报表有两个目的，要么向管理者证实一切情况运行良好，不需要采取任何措施；要么指出需要修正的地方，以抓住新的机遇或者纠正存在的问题，不能提高管理者在这两个方面的行动能力的信息就是多余的。[①]

对于企业实践而言，基于管理决策的常规数据往往不是单一的数据，而是逻辑清晰、分类明确、体系化的数据。一般可以把企业经营管理决策有关的数据分为三大类。

（1）经营数据。经营数据的分析逻辑是以核心数据为基础，然后再增加数据维度进行交叉分析。不同公司的核心数据定义是不同的，以某销售型公司为例，该公司的核心数据是收入金额、回款金额、应收账款额等，该公司在核心数据的基础上增加不同的维度予以交叉分析，增加的维度有部门维度、地区维度、个人维度、产品维度等，他们期望分析不同部门、不同地区、不同人、不同产品在核心数据表现上的差异。比如该公司的收入主要来源于 A，B，C 三大产品，相应占比为 95%，4%，1%，可以看到 B，C 两个产品对于公司的收入几乎没有起到任何作用，对于管理者而言，必须要判断是产品本身问题还是产品正常的发展阶段，还是销售策略出现问题等，综合判断以后才能做出正确的决策。

（2）人力数据。最近 10 年中国人力资源成本迅速攀升，人力资源的成本在大多数公司中已成为最大的成本。但是企业对人力资源数据重视程度相当不足，最为昂贵的资产每天进出公司，公司却没有一整套的

---

① 戴维·亚克森,哈科特集团.预算与管理报表最佳实务[M].庄佩君,译.北京:机械工业出版社,2005：140.

数据来跟踪、记录与分析。人力资源的数据主要包括入职、离职、调动、薪酬、绩效、培训等多个维度的数据。以 39 健康网人力资源数据为例，因为原表格过于庞大，我用文字来简单解释，横轴是部门，纵轴包含了以下几项：

①年度预算指标。年度人员编制数、年度人力成本预算额（元）、年度人力成本与上年度环比、年度基本薪酬预算、年度绩效薪酬预算、年度社会保险预算、年度住房公积金预算、年度教育培训费预算、年度奖金预算。

②年度分析指标。年度人员编制超缺编数、人力成本预算执行率（月累计）、年度人力成本占收入比、与上年度环比、年度人工成本占比、年度人工成本利润率。

③静态人力分析。月末在职人数、月末在岗人数、在岗情况（本月在岗率、在岗率环比）、按性别统计（男、女性占比，男、女性占比与上月环比）、按学历统计（博士、硕士、本科、大专及以下，本科及以上学历占比，本科及以上学历与上月环比）、按工作年限统计（1 年以下、1—3 年、3—5 年、5 年以上、3 年以上员工占比，3 年以上员工占比与上月环比）。

④动态人力分析。人员招聘（招聘小计、本月招聘数与上月环比）、按学历统计（博士、硕士、本科、大专及以下）、按渠道统计（内部推荐、社会招聘、校园招聘、猎头推荐）、按职级统计（总监、经理或主管、员工）、按性别统计（男、女）、按工作年限统计（1 年以下、1—3 年、3—5 年、5 年以上）、按部门变动统计（部门内调动、调出本部门、调入本部门）、按职级变动统计（平级调动、职位晋升、职位下降）、人员退出形式统计（辞职、淘汰）、人员退出按职级统计（总监、经理或主管、员工）、人员退出按本企业工龄统计（试用期、1

年以下、1—3 年、3 年以上）等。

（3）资源数据。资源数据是对企业经营发展起到关键性和决定性作用的数据，在这里我主要是指统计分析除了人力资源之外的各类数据。大部分业务导向的管理者，一忙起来就忘记了公司还有这么多重要的资源。资源数据主要是基于管理目的，稍有不慎，资源数据的缺失、错误以及延误等，都可能给公司造成严重的后果。我所讲的重要资源数据主要包括客户资源、供应商资源、重大固定资产、知识产权、证照资质等，下面我以公司证照报表为例加以说明。

纵轴是不同证照资质，横轴是证照管理的关键信息，包括：公司名称、证件名称、类别、保管责任人、年检时间、年检或成立情况、证书编号或文号、发证日期、有效期、续期要求、变更要求、所需材料、联系人、网址、账户及密码、备注。通过上述数据的收集与分析，管理者可以有效实现对证照资质的管理。

对于常规数据而言，首先，管理者应为不同的数据报表指定责任人，一方面可以确保数据在规定时间收集到位，同时，可以训练数据责任人对数据的分析与理解能力。其次，管理者应明确数据的报送周期，对于影响重大的数据可以采用短周期采集，比如日、周，但对于要经过一段时间才能产生效果的，可以间隔更长周期来采集，比如季度、年度。最后，管理者要为采集数据提供足够的支持，很多数据是跨部门采集，可能会存在数量大、采集流程复杂等问题。因此，管理者要为负责采集数据的员工扫清障碍，打通跨部门数据采集的流程，逐步从手工采集向内部信息系统来采集数据转变，从而提升数据采集的有效性和效率。

2. 专项数据

专项数据分析不是常规的数据分析，可能是偶尔发生一次，往往是基于特定的目标产生的。举例来说，假设我需要评估一下公司到外地做校园招聘，对公司的雇主品牌传播有什么影响，可以对校园招聘前后，当地用户对公司网站的访问量进行数据比较。因此，我针对不同的地方，收集了校园招聘前一个月和校园招聘当月的访问量进行比较，具体见表3-7：

表 3-7　各招聘宣传城市的流量变化情况

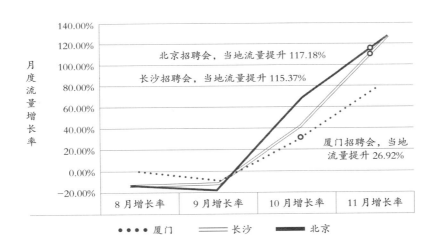

10月份开始在厦门进行校园招聘推广，前期通过网络信息发布至学校与院系，基本覆盖了厦门以及周边的众多高校；后期通过厦门大学现场宣讲会以及招聘面试，吸引投递简历人数近300人，高校群体对39健康网形成初步认知，流量增幅明显。11月份开始在长沙和北京进行招聘推广，当地流量显著提升。可见校园招聘实施以后，确实能够对公司的雇主品牌形象提升起到有效的促进作用。

（三）降低决策风险

前面我谈了决策模式、决策步骤、数据分析等话题，下面我来谈谈如何降低决策风险。除非你什么都不做，除此之外没有任何一种方法可以完全杜绝决策风险，也没有人可以像神仙一样，事先将方方面面考虑绝对周全。但是，管理者仍然可以通过一些方法来降低决策风险，具体来讲有 3 种：

1. 学会提炼原则来做决策

对于管理者而言，企业管理实践远比理论复杂、有趣，即使一个公司建立了系统完备的规章制度，现实中仍然可能出现意想不到的问题、没有考虑到的问题。在这个时候，管理者必须要通过原则来处理问题，没有原则也要提炼出原则来。

举一个我处理过的案例。两个销售人员相互之间争夺一个客户，两个销售人员一人在北京，一人在上海，客户在上海，但是由北京销售人员开发的。公司有明文规定对开发客户的销售人员实行保护，即谁开发的客户，客户就在谁的名下，因此，客户是在北京销售人员名下的。但是，客户的决策人发生改变，与上海销售人员关系更好，上海销售人员向公司提出要求服务客户，理由是如果不是该上海销售人员服务的话，客户就不和我们公司合作。问题提交到公司后，就成为难题，同意吧，违反了公司客户保护原则，不同意吧，直接丢失了一个大客户。我的处理是，公司有客户保护原则，但是不止一个原则，还应该有客户选择的原则，也就是说当负责跟进的销售人员没有提供令客户满意的服务时，客户有权更换不同的销售人员跟进。基于这个原则，问题就圆满解决了。

2. 学会通过低成本试点来做决策

无论是制定管理措施，还是拓展业务，很多时候管理者都是在有限的信息下做的决策。因此，决策能符合实际情况、适合市场发展与需求吗？很多情况下都会打一个大大的问号。对于管理者，最为有效的方法就是不要一下子把决策的摊子铺得太广。以拓展全国市场为例，在产品与服务尚未成熟的情况下，应先在 1—2 个城市做好试点，集中所有的力量在这些城市，此环节不可性急，待运营模式成熟以后，再推广至全国，从而降低决策风险。当试点成功以后，管理者应尽快总结经验，形成快速复制的模式，以最快的速度进行推广，将试点耽误的时间追回来。

3. 学会通过数据调研来做决策

提升决策有效性，最为有效的方式就是靠调研与数据分析。信息采集与数据分析越全面，管理者越能够做出有效的决策。

以一个例子来说明如何通过数据调研来辅助决策。某天，老板交代我将公司的上下班时间更改一下，之前的上下班时间是上午 8:30—12:00，下午是 1:30—5:30，老板没有具体交代要怎么修改工作时间。我没有问老板的意见，因为我担心问了以后，如果没有按照老板的意见修改，会让老板难堪。遇到这样的问题，你会如何处理呢？

有人给我出主意，问问老板到底想怎么改，毕竟公司是老板的，老板想要怎么样就怎么样。这样做的话且不说万一老板提出奇怪的要求怎么办，我估计老板也没有明确的修订上下班时间的想法。于是，又有人说，可以面向员工调研一下，看看员工期望几点上下班。这倒是一个解决办法，但是如果调研结果是大部分员工希望 10 点上班，怎么办？这两种选择都不会是最优的解决方案，我的做法是安排下属对公司的友商进行调研，看看类似的公司如何规定上下班时间。经过调研发现 100% 的公司都是在上午 9 点上班，而 90% 的公司是在下午 6:00 下班。我们公司作为行业的一员，上下班时间也应该和行业保持一致。因此，在保证上下班总时长不变的前提下，我将公司上下班时间调整为上午 9:00—12:00，下午 1:30—6:00，很快就通过了老板的审批。

第四章

练才能——员工有挑战
才会有成长

GE 前董事长兼 CEO 杰克·韦尔奇说："在你成为领导以前，成功只与自己的成长有关；当你成为领导以后，成功都与别人的成长有关。"

别告诉我你会带团队：
不是所有人都可以成为**年薪百万的管理者**

员工的才能不是一开始就具备的，一个刚刚毕业走上工作岗位的新人，从入职到能够胜任工作，需要相当长的时间，这个时间被称为培养一个合格员工的周期。我曾经和不少企业的管理者讨论过，一般来说，大多数企业培养合格员工的周期在半年到一年，比较优秀的企业可以缩短到 3 个月，极为优秀的公司，例如华为、阿里巴巴等公司可以再缩短到 1 个月左右。即使是有多年工作经验的员工，进入一家新公司以后，也得学习公司特有的企业文化、商业模式、管理规则、历史惯例等。因此，杰克·韦尔奇明白地告诉大家，管理者在员工的成长过程中起着举足轻重的作用。

那么，对管理者而言，在缺少华为、阿里巴巴等大平台的背景下，应该如何训练下属？如何能缩短人才培养的周期？如何能够让员工快速上手？这些都成为管理者非常关注的问题。按照人才培养理论的"721法则"，一个员工 70% 的才干来自工作实践，主要是在实践中边工作、边学习、边总结，持续优化形成可靠的经验与技能；20% 的才干是从其他人身上学习，主要指工作中借鉴他人好的做法，以及与他人沟通、讨论、交流等过程中的互相学习，这当中以直接上司的作用最为关键；最后 10% 的才干来源于常规的培训，例如企业内部组织的各类线上线下培训，员工从培训师以及学员处得到的启发与知识。

我们不必纠结"721法则"的科学性与合理性，"721法则"至少给管理者一个重要启示：员工成长关键在工作实践，而不是课堂培训。员工成长是管理者的责任，而不是人力资源部的责任。从逻辑上来讲，有效地训练下属大致可以分为以下三大部分：

首先，重点剖析一下管理者在训练员工上应有的心态。上下级之间要对训练这件事形成一致的看法与认识，甚至要调整双方过去的一些固有观念，否则不大可能取得预期的训练成果。

其次，介绍一下工作实践中训练员工的策略和方法。这是员工才干增长的关键所在。考虑到岗位轮换在员工才干提升中的重要作用，可以将岗位轮换单独提出来加以分析。

最后，介绍一下员工培训的学习部分。在真实的管理实践中，员工培训方式方法是百花齐放、百家争鸣，不只拘泥于课堂的学习部分。这部分将重点分享我在团队培训中用到的一些有效的方法，特别适用于中小企业管理者。

一、管理者牢记 5 件事

在训练员工的问题上，最重要的不是去寻找训练员工的灵丹妙药，实际上，也没有什么捷径可以走，而应当把建立正确的观念作为头等大事，使之变成管理者在日常工作中遵循与坚持的原则，再结合具体的训练员工的方法与策略，唯有如此，才有可能实现培养人才的目的。从我个人的管理实践来看，管理者在训练员工方面应遵循以下原则：

（一）严格才是爱

俗话说严师出高徒。我回想自己职业成长最快的阶段，不是在管理松懈的上司手下工作，而是与要求严苛的上司共事期间。我大学毕业刚刚参加工作那两年，先后跟过两位科室领导。两人的管理风格迥异。第一位上司在工作上几乎没有任何要求，不管我做的工作结果是好是坏，上司从来不会表扬或批评我，更谈不上在专业上对我有任何的指导，工作也非常轻松，并不饱和，一到下班时间就回家。一开始，我挺享受这样的工作状态，毕竟是一份钱多事少离家近的工作。

这样的好日子没有过太久，我的上司内部轮岗走了，我迎来了人生中第二位上司。他和前任完全不同，和他共事，你必须要打起十二分的精神，他会从你意想不到的角度提出问题，如果准备得不够充分，你会被狠狠批评一顿。刚开始被批评的时候，内心有些不服气，甚至都有辞职的冲动，但自己静下心来，认真想想上司批评自己的内容，确实是一针见血、一语中的。慢慢地，我自己开始学习模仿第二位上司的思维方式，思考假如我是他，会如何分析与解决问题。一段时间后，我被上司批评的次数越来越少，上司对我的指导也越来越多，我从他身上学到的东西也越来越多。可以说，在他手下工作 1 年，相当于在第一位上司手下工作 5 年。

这当中的道理很简单。假设把员工面临的压力、挑战、要求等都统一称为目标的话，你会发现，在有目标的前提下，大多数人真正的完成值都是低于既定目标值的。换而言之，如果既定的目标值越高，即使没有完全达成目标，也比在低目标情况下要好；如果没有目标的话，那就更糟糕了，基本上团队成员都是在混日子，根本谈不上成长。

事实上，大多数员工都拥有超乎管理者想象的潜力，管理者只有不断为员工制定更高的目标，提供更大的挑战，员工的能力才能持续提升。相反，有的管理者看起来似乎照顾自己的下属，喜欢维护团队成员的利益，例如，基于工作年限的理由为员工申请加薪，吃大锅饭；回避矛盾，对团队成员存在的问题不管不问，不敢对员工行使正当的管理权；对团队成员的工作质量要求不高，能应付工作即可；害怕下属干不好工作，重要的工作基本上都亲力亲为等等。这些做法无一不是在损害团队成员的能力发展，在摧毁员工成长的机会。

（二）不做俄罗斯套娃

不少管理者喜欢用能力不如自己的候选人，个中原因不外乎以下几种。

首先，管理者缺少安全感，担心下属能力过强、功高震主，对自身的位置造成威胁。这种情形不仅存在于中基层管理岗位，也常常发生在高层管理岗位，尤其是正职和副职之间。究其根本，这是管理者的心胸与气度使然。

其次，管理者往往拥有较强的控制欲，喜欢下属的崇拜与服从。比如，企业里面只要是上司提出的想法与建议，内部不仅没有人提出反对意见，反而只有讴歌和称颂之声。

最后，管理者缺乏识人和用人的能力，无法将优秀的人才从众多的候选人中筛选出来，对工作岗位内在要求不甚了解，未接受过正规的招聘甄选训练，选择人才全凭运气。

一家公司或一个团队能否快速成长，与管理者选择和训练下属的理念有极大的关系。以世界著名的广告公司奥美为例，其公司董事长奥格威有个习惯，当公司任命新的职业经理人时，他都会送给新任经理人一套俄罗斯套娃。这是一种源自俄罗斯的木制玩具，一般由多个一样图案的空心木娃娃一个套一个组成。当经理人拿到俄罗斯套娃的时候，拿起最大的娃娃时，发现里面套了一个稍小一号的娃娃，再拿起来这个娃娃，里面还套了一个更小一号的娃娃，一直可以嵌套10多个娃娃。奥格威用这样的方式来提醒公司的管理者，经理人只有选择比自己更加优秀的人才，公司才能变得更加强大；经理人选择比自己更差劲的人才，公司就会变得弱小。

因此，患有"俄罗斯套娃症状"的管理者必须进行自我改造，唯有如此，才能实现自己、下属与公司的正向成长。公司管理层应重点警惕主观上患有"俄罗斯套娃症状"的管理者，他们不是没有能力选择与培训下属，不是没有能力帮助下属成长，而是基于自身利益的考虑，偏好使用能力不如自己的下属，对此类管理者应予以诫勉谈话、调整工作岗位或换人。而对于客观上患有"俄罗斯套娃症状"的管理者，应加强自我学习与提高，掌握识人、用人的能力，大胆使用更加优秀的下属，并在帮助其成长的过程中一同进步。

（三）管住自己的手

当小孩子开始学步时，必定是摇摇晃晃，如同喝醉酒一般。如果孩子不小心跌倒在地，中国父母大多会冲过去，将孩子抱起来心疼一番，甚至还会告诉孩子要打一下摔倒的地方；而外国父母通常会站在孩子身边，告诉孩子没关系，鼓励孩子自己从地上爬起来。两种不同的做法，导致了中国孩子和外国孩子完全不同的两种风格：中国孩子娇气体弱、自理能力差、动手能力差，而外国孩子成熟健康、独立自主、意志坚强。

训练下属和带孩子有异曲同工之处。一般来说，管理者专业能力较下属更强，也希望能带好下属，更希望将公司工作任务做好。因此，我们在企业里面，常常看到一些管理者要么不把重要的工作布置给下属，自己亲自做；要么发现布置给下属的重要工作无法达到自己的期望时，管理者便接过来自己做。前者根本没有做好认真培养下属的准备，因此永远不可能培养出胜任的下属；后者虽有培养下属的初心，但没有培养下属的恒心。要知道，没有谁从一开始就是专业胜任的，跟小孩子学步一样，员工都是在不断跌跌撞撞的过程中，经历无数的重要工作任务而成长起来的。管理者必须要管好自己的手，培养训练下属的耐心，尽量不在下属做得不好时接手，绝对不让自己擅长的工作变成自己的专利。

我自己的做法是：把重要但不紧急的工作任务，当作训练下属最为有效的工具。比方说每家公司定期（如季度、年度）都会组织部门工作总结与规划，大多都是采用PPT形式，好的PPT包含内容和形式两个方面。既然是定期要做的工作任务，我会提前1—2周的时间准备。首先，与下属共同讨论制作思路，这是PPT汇报的灵魂所在，绝对不能为了制作PPT而制作PPT；其次，将制作设计PPT的工作按照职责分工，分配给每位下属，必须让他们都参与其中；最后，我会告诉下属，我们要出色地工作，更要出色地展示工作，因此，内容好也要有好的展现形式，无论下属之前制作PPT的水平如何，我都会告诉他们好的PPT是什么样的，下属可以学习模仿。就这样，在我的引导下，团队成员几乎都有机会参与到制作部门工作规划PPT的工作中来。

像我这样训练下属，第一次可能稍微痛苦一些，但长期坚持下来，好处很多：

第一，不管我在哪家公司工作，我汇报的PPT与兄弟部门相比，制作更精美，思路更清晰，逻辑性更强。

第二，与其他管理者相比，在工作汇报上，我极少加班加点，工作颇为轻松，因为工作都由团队小伙伴帮我完成。

第三，因为与下属讨论工作思路，下属的框架思维和全局观大大提升，无论是专业能力还是 PPT 制作能力都大大提高，每个下属都能够独当一面。

第四，工作思路是和下属一并讨论，不是我作为团队 Leader（领导者）强加给他们，下属对于工作思路的逻辑与方法更加理解，有助于部门工作有效推进。

（四）因人施教

从事管理工作近 20 年来，如果要说在带人方面有什么体会的话，我会毫不犹豫地告诉你：人与人是不同的。记得我有次到北京出差，顺便走访北京分公司，与部分员工座谈，其间我与一位销售业绩较为突出的员工谈话，谈话内容主要是鼓励这位同事继续努力，为公司创造更高的销售业绩。会谈结束后不到 5 分钟，这名员工又来到我的办公室，一下子就哭出来，我连忙安慰他，问他是不是受到什么委屈。他的回答让我极为诧异，他问我是不是怀疑他贪污了公司的资金。我自认为自己沟通表达能力还不错，他怎么可能从我鼓励他的话语中听出弦外之音呢？事后，我认真分析了一下这位员工，他是一个对人非常敏感的销售人员，他敏感到什么程度呢？你告诉他 A，他可以从 A 联想到 B，再从 B 联想到 C，最后再从 C 联想到 D。带有这种特质的人员，优点是可以很好地捕捉到客户需求，缺点是与其日常沟通务必要小心。当了解员工的特质以后，就不难理解为什么会产生这样的误会。

管理者在训练下属方面，必须要认真分析下属的工作经历、教育背景、专业能力、个性特点、价值观，并实施与其相匹配的个性化指导，即便是同样的岗位，管理者在训练下属方面也不能千篇一律。

我以曾带过的小高、小刘为例来说明如何因材施教。小高、小刘两人均为应届毕业生，负责的工作内容同为人才招聘工作，都为女性，均能承受相当的工作压力，但两人又有各自的显著特点。

小高，工科生，雷厉风行、作风强势、快人快语，具有一定的专业气场；计划性不足，不会主动给自己施压。训练要点：第一，重点负责技术类的人才招聘，工科背景有利于其对职位的理解，以及对候选人的把握；第二，重点负责公司校园招聘，其良好的专业形象与气场，有助于吸引大量的应届毕业生关注公司；第三，加强目标管理，每月讨论确定重点工作计划，分配挑战性的目标给她，帮助其自我施压。

小刘，文科生，做事细腻、善于沟通、亲和力足，能够快速与同事打成一片；招聘基础薄弱，心理承受能力有待提升。训练要点：第一，鉴于其文科专业背景，重点将广告设计、部门制度建设等招聘工作分配给她，有意识训练其专业文字能力；第二，承担 HRBP 的工作职责，因为其良好的沟通能力，以及团队融入感，可以与兄弟部门建立良好关系；第三，要求其制定专业学习计划，以及确定试用期的明确招聘目标，将其作为试用转正的评估依据。

经过半年左右的实战训练，小高、小刘基本上已经成为人力资源部骨干，无论是候选人，还是初次接触的用人部门，完全看不出她们身上有应届毕业生的影子。因此，管理者只有准确、全面分析下属的特点后，才可能制定有针对性的工作安排，以及个性化的指导重点，进而实现员工的快速成长。

（五）不做问答题，只做选择题

如果说训练下属有什么诀窍的话，我认为管理者"不做问答题，只做选择题"就是其中一个。

为了满足公司业务发展的需求，公司决定将目前 2000 平方米的办公室扩充到 4000 平方米。在公司装修的过程中，涉及网络布线的问题，装修公司的项目经理提出来，如果公司上网人数较多的话，建议公司采用具有屏蔽功能的网线，如果采用普通网线，会存在电磁干扰的问题，进而影响到公司员工的正常上网工作。当然，具有屏蔽功能的网线的价格比普通的网线贵一倍。我方负责装修工程对接的同事迅速将问题反馈给我，并问我是否应该选择带有屏蔽功能的网线。

大家注意到没有，下属向我求助，实际上是给我提出了一个问题。那么这是问答题呢，还是选择题呢？没错，这是典型的问答题。问答题和选择题有什么区别呢？前者是希望让我来解决问题，提供解决问题的思路或答案；而后者不同，后者是下属已经将问题的解决方案初步研究出来，而且还不止一个解决方案，一并提交给上司决策。大家想想，哪种下属领导更喜欢呢？当然是经常提供选择题的下属。

因此，当下属问我是否应当选择具有屏蔽功能的网线时，我毫不客气地答复他："难道我是卖网线的吗？"我用这样的方式回答他，不是为了给他难堪，而是让他长记性，记住下次让我决策时，能够通过自身的努力，先寻找一下答案，答案正确与否并不重要，重要的是，寻找答案的过程就是在提升自己的能力。听到我的反问，下属一怔，完全没有想到我会这样回答，有点不知所措。我立马提醒他："你觉得这个问题，是不是只有我才能给你答案，还是说你可以从别人那里寻找答案？"他想了想，有点不好意思地说："或许，可以问问与我们公司业务、规模差不多的公司，看看他们是如何解决这个问题的。"我对他的回答表示赞同，并鼓励其马上咨询。他立刻联系了两家和我们类似的公司，与其技术部门负责人进行沟通，两家公司的相关负责人不约而同地告诉他，没有必要选择带有屏蔽功能的网线，就他们使用普通网线的情况来看，不存在任何影响员工正常办公的情形。就这样，公司最终决定采用普通的网线，布线成本省下近 10 万元。

看到没有，最终解决这个问题的人不是我，其实还是我的下属，我并没有做什么特别的工作，我做的只是帮助他养成解决方案的习惯。对于员工而言，找别人要答案和自己探究答案相比，的确是轻松许多，况且人的天性也喜欢简单、舒服，而讨厌复杂、痛苦。但是，管理者不得不与人性做斗争，即便自己知道答案，抑或下属寻找答案的过程有些漫长，也不能直接告诉他们答案，否则你会剥夺他们宝贵的成长机会。

二、干出来的能力

记得我刚调入省公司人力资源部工作时，部门总经理找我谈话，曾对我说："我从基层成长的经验，其实就是一条——多干活。我告诉你，干活是干不死人的。"我第一次听到领导此番言论，嘴上认同，但心里却想：前两天报纸上不是刚刚报道过 ×× 公司有人过劳死吗？咋还说"干活是干不死人的"。现在回过头来看，领导的话不无道理。自己管理和专业能力的提升，基本上都是通过完成工作任务，特别是重要的、困难的工作任务训练出来的。

我将训练下属干活的能力总结为五个字"多、快、好、省、创"：

"多"就是给员工更多挑战，工作更有紧张感；

"快"就是做事情要追求效率，做事打好提前量；

"好"就是要知道什么是好，追求工作的质量和效果；

"省"就是要不断讲求方法，用性价比最高的方式解决问题；

"创"就是不断用创新方式来处理老问题。

（一）多做事

我在 39 健康网曾做过一个内部调研，统计了近半年各部门员工的加班情况、各部门负责人的加班情况、各部门人员流失率以及部门员工满意度 4 个数据。因为这 4 个数据都是基于部门的统计维度，当把部门的加班数据作为基准数据，与另外 3 个数据进行关联分析时，我得到一系列非常有意思的结论。

1. 员工加班与部门负责人加班的关系

我发现公司里面的部门管理者分为 3 种类型：第一种是部门负责人加班多，员工加班少；第二种是部门负责人加班多，员工加班多；第三种是部门负责人加班少，员工加班多。两者都少的情况基本上不存在。值得关注的是第一种和第三种。

2. 员工加班与人员流失率的关系

我发现员工加班与人员流失率的情况刚好成反比，也就是说员工加班时间越长，员工流失的概率会进一步下降。估计是员工工作本身已经占据了员工大部分时间，反而没有过多的时间思考跳槽等事情。

3. 员工加班与员工满意度的关系

我发现员工加班与员工满意度成正比，很有意思吧，员工加班时间越长，对公司的满意度反而越高。

如果把这3个结论串在一起来看，也可以得到这样一个结论：员工工作量越大，加班越多，员工的流失率越低，而员工满意度反而越高。换而言之，多做事情不仅能够帮助员工提升专业能力，而且还能提升员工从工作中获取的满意度，从而降低了员工离开公司的意愿。

管理者在向员工分配更多任务时，应注意以下3个方面的平衡：

1. 难度平衡

给下属分配工作任务时，不能都是简单任务，这样的工作任务做再多，也无法提升员工的能力；也不能都是挑战任务，每项工作任务都具有太高的难度，容易导致下属产生挫败感。比较理想的任务分配比例应当是普通任务和挑战任务比例为7∶3。

2. 负荷平衡

管理者除了考虑难度平衡外，还应当考虑负荷平衡，工作分配要注意劳逸结合，不能过松或过紧，从一个极端走向另外一个极端。尤其是管理者应当追求团队成员的均衡发展，防止能力强的员工负荷过重，避免能者多劳、能者过劳。

3. 人员平衡

管理者必须要发动团队所有成员，而不能事事躬亲。正如我在调研中发现的两种管理者，我更喜欢的是第三种管理者，即管理者加班少，团队成员加班多，这说明管理者能够充分发挥团队成员的力量，不是孤军奋战。反之，我最不喜欢的管理者是第一种，管理者加班多，团队成员加班少，虽然管理者本身相当努力，但是公司给了管理者一个团队啊，却只是得到一个勤奋努力的管理者而已。

（二）快比慢好

对于企业而言，对效率的追求是永无止境的，而企业效率来自每位员工的叠加，管理者如何提升下属的高效执行能力就成为关键。对执行效率提升，我有以下 3 个方面的体会。

1. 建立执行文化

不管企业管理水平多高，制度建设如何规范，也没有办法做到每件事情都能明确要求。因此，在团队内部建立起良好的执行文化就显得尤为重要，执行文化将成为团队全体成员共同遵循的标准与原则，执行文化宜简单不宜复杂。我对团队成员执行文化的要求如下：

（1）执行好工作，无论是大事还是小事。

（2）高效做事，先定目标，后画框架，再拟计划。

（3）又好又快做事，沿着简单、高效的原则向目标前进。

（4）如果无法按时完成任务，请第一时间而不是拖到最后一刻告诉需求方。

（5）个人工作要提前不要拖延，协作工作要并联不要串联。

（6）当面沟通＞电话沟通＞邮件沟通，重要的事情应留有痕迹。

2. 明确执行要求

我发现员工执行效率低的原因，在很多情况下与执行要求不明确有关系。比如，员工不知道工作任务完成的截止时间，不知道工作任务完成的标准是什么样，不知道什么时候应当反馈工作进度，甚至不知道这项工作任务是否由他来承担，等等。如果员工有这么多的疑问，执行的效率如何能高呢？管理者在向下属布置工作任务时，应注意以下几点：

（1）与员工讨论工作任务，员工必须带着本子和笔，没有本子也要用手机或电脑记录。

（2）上司明确工作任务的具体要求，例如完成时间、关键节点、验收标准，等等。

（3）要求下属对任务提供反馈意见，若无意见，则要求下属对任务进行复述，确保上司与下属就目标达成一致。

3. 执行过程监督

对于管理者而言，确保执行到位的关键在于过程监督。不管执行者是否自动反馈，管理者也应该在任务的关键节点进行监督，对于执行过程中发现的问题予以及时处理。监督力度根据被执行人的情况有所差异。

我曾经发现自己的一个下属，对安排的工作任务经常打折扣，我立刻增加对其执行过程监督的频次，从以前一周一次了解其工作进程，调整为每两天收集其工作进展。经过一段时间，我发现情况并未好转，就立刻采取了新行动来确保其执行到位。首先，在部门会议上就此种行为进行严厉批评，告诉该员工我将对执行不力宣战；其次，我改变监督方式，调整其工作任务并纳入绩效考核的范畴，与其薪酬待遇直接挂钩；最后，若连续两个月的绩效考核未达标，则解除劳动关系。反过来，对于执行力强的下属，管理者应减少监督频次，应给予其信任与更大的发挥空间。

（三）好是第一位的

"大跃进"时期提出的"鼓足干劲，力争上游，多快好省地建设社会主义"，其中的"多快好省"是以"速度"为优先目标；而 2007 年中共十七大报告中指出："促进国民经济又好又快发展，实现未来经济发展目标，关键要在加快转变经济发展方式、完善社会主义市场经济体制方面取得重大进展。"报告中"又好又快"的提法代表着执政党管理理念的重大变化，从过去的强调发展速度，逐步调整为强调发展质量，追求的是可持续发展而不是短期效益。

与国家管理一致，无论是企业经营，还是员工做事情，都应该遵循类似的原则，不能贪多、贪快，而应当把追求质量放在第一位。在这方面，我自己训练下属的经验主要有 2 条。

1. 对例行工作建立起明确的工作要求

管理者应当为例行工作建立详细的工作标准，并要求员工严格按照工作标准执行、做到位。工作标准越详尽，员工的例行工作将会做得越好。任何一个新员工开始从事这项工作时，都可以在最短的时间内上手。此外，制定了详细的工作标准，管理者还应同时建立起配套的绩效考核规则，特别是在工作标准建立的初期，通过绩效考核的方式来加强工作标准的执行力度。例如，可以在行政岗位的绩效考核标准中，增加如下内容：按照所在岗位工作分工职责，严格执行《行政例行工作规范》，每违纪一次，视情节严重扣绩效分数 5—10 分。

2. 对非例行工作任务要找到好的标准

一般来讲，非例行工作任务不是经常执行，不大可能为其建立起明确的工作标准，但并不意味着不能为工作找到好的标准。要知道什么是"好"可不是一件简单的事情，很多人并不知道什么是"好"，工作交到自己的手中，拿过来开始干就是了，做成什么样子就是什么样子，或者能够做出来的结果就是"好"。事实上，"好"的标准，关键是要找到参照系数，特别是自己从来没有做过的事情，更要研究别人的实践经验与成果。比如公司要组织一个员工活动，绝大部分负责的员工都会找上司要经费预算，但是广州的一家公司组织策划了一次员工活动，既没有花钱，又让公司与员工都非常满意，他们是这样做的。

这家公司首先联系了广州市番禺区一家公益组织，告知对方希望能够为残疾人、老人提供一些公益服务。公益组织为他们提供了这样一个信息，靠近大学城附近的一个村子，青壮劳动力几乎都外出打工，剩下老人儿童留守在家里，现在刚好是甘蔗丰收的季节，村里根本没有劳动力去采收甘蔗。这家公司得知这个消息，立马在公司内部策划了一个公益活动，名为"蝗虫行动"。他们在公司内部召集员工，由公司安排往返车辆并提供采收工具，员工自愿报名参加。因为在农村，吃饭并不方便，参与者自带午餐；同时，参与者还可以携带家属，特别是孩子参加本次公益活动。员工对"蝗虫行动"特别感兴趣，因为社会上的公益活动虽然很多，但是既采收甘蔗又做公益的事情还是第一次遇到，而且还可以带着自己孩子体验农村的生活，一举两得。公益名额在很短的时间内就报名完毕。当"蝗虫行动"活动结束后，公司将活动的过程以及照片整理出来，通过新闻媒体进行大规模的宣传，考虑活动的公益性，各种媒体都免费为该公司进行宣传。

因此，一次员工活动，既节省了经费，又让员工获得了全新的体验，同时也宣传了公司，实现多个目的，这样的活动才是真正好的活动。

（四）省心省力靠偷懒

信息技术的高速发展，让人们的生活方式和沟通变得愈加便捷，单位时间内处理的工作数量大为增加，然而对工作质量的要求却从来没有降低，这给每个人带来了新的挑战和压力。在这种背景下，为了达成既定目标，提高工作效率自然成为必然选择。这个世界是由"懒人"推动进步，"偷懒"提升了生产力。

1. 学会借力

当遇到困难或者缺乏工作思路时，可以考虑采用借力的方法。你遇到的难题对于别人而言可能并不是难题，善于借力能够让你更有效率地开展工作。

曾有一位做培训业务的朋友，希望我能够介绍负责人力资源培训的朋友给他，我告诉他两个朋友的电话。但是在我还没有打电话给那两个朋友之前，他先给那两个朋友打电话推销了培训产品，我的朋友非常反感，没有听完就直接挂掉了电话。后来，我问他为什么不让我先帮他打个电话铺垫一下呢，要知道那两个朋友是我的嫡系师弟啊。他脸红地说不好意思再麻烦我，就这样，他丢掉了两个重要的潜在客户。

在借力的时候，一定要学会动员一切可以动员的力量来完成自己的目标，你的朋友、同事、家人，甚至上级都是你可以依靠的力量。当你以非常谦虚的态度向他们请教时，大多数情况下他们都会乐意为你提供帮助。当然，借力并不代表你可以放弃自身的努力以及思考，也不是鼓励你不管遇到什么问题，都采用借力的方法来处理，如果是这样的话，你自己得到的锻炼就少了，自我的成长也会受限。

2. 学会模仿

遇到从来没有处理过的工作任务时，往往会缺乏工作思路，如果旁边没有人能够给你帮助的话，你会怎么办？最好的方法就是模仿，学习了解别人怎么处理类似工作，研究别人的工作思路，然后在前人成果的基础上，结合自身的实际提出自己的解决方案，这样才能够突破自身知识、能力、经验的禁锢，快速而有效率地完成工作。

要模仿得又好又快，首先要全面地学习，模仿本质上就是学习，通过学习不断扩大知识面，避免出现"不知道自己不知道"的窘境；其次，要研究模仿的方法，在现代社会中一定要学会利用信息搜索技术，你至少要知道自己领域的专业网站、专业期刊，你要懂得如何利用各种搜索引擎，等等；最后，模仿要有目标和方向，模仿就要模仿业界最高的标准，什么是最专业的，谁是这个领域的专家，别人为什么能够做到业界最好。只有高标准的模仿才能产生高水准的结果，做工作才能事半功倍。

3. 学会规范

我曾经和壳牌公司的人交流，他告诉我壳牌公司在行政管理手册中明确规定，壳牌在全球选择的办公室楼层不能超过5楼。我想起我去过的北京壳牌公司确实是在国贸的2楼，我不禁有些好奇问他为什么。他告诉我因为从壳牌一百多年的发展来看，楼层太高，如果遇到战争、火灾、地质灾害时，员工逃生的几率很小。我听后非常震惊，没有想到一家公司精细化管理居然能够做到这种程度。

东西方文化有非常大的差异，其中一个比较明显的区别就是标准化程度的不同。东方文化强调中庸和谐，喜欢模糊；西方文化强调逻辑分析，倾向精准。文化的不同导致了东方的很多东西只能意会不能言传，所以北京烤鸭只有在北京的老店做得最好；西方的东西能够标准化、"傻瓜化"，可以快速实现复制，所以麦当劳开到全世界口味都是一样的。这种区别决定了东西方企业事业规模的不同。

有人会问：是不是规范化就能提高工作效率？答案是肯定的。一个简单的示例，假如你负责组织一次会议，虽然缺乏相关经验，懵懵懂懂也能把会议完成。但如果你把组织会议的细节与工作列成任务清单，形成规范操作流程，那下次你再组织会议就简单多了，而且可以在原来的基础上不断地改进和优化，会议组织工作的效果和效率也会不断提高。

因此，应该梳理一下自己的工作任务，把其中经常性的工作形成操作规范，最终以文字化的形式呈现出来，通过不断的工作实践加以完善。所以才会有人说：凡是管理得好的公司一定是文字化工作做得比较好的公司。对此，我是赞同的。

（五）创新无止境

人们大多喜欢因循守旧，按照既定的程序行事，而不大愿意改变。但即使是最为常见的工作，也可以有所创新。比方说单位有食堂是一件令人幸福的事情，不仅吃饭方便、价格便宜，关键还干净卫生。一般来说，单位食堂基本上采用刷卡方式就餐，个人每次吃饭，无论是选择套餐，还是选择自助餐，食堂都会从就餐卡中扣除相应的费用，也就是说食堂是按次扣费。但我所在公司的就餐食堂不是这样的逻辑，它的收费模式分为两个部分：

第一部分是午餐和晚餐，这部分是按照每月 300 元的标准收取，只要你在一个月中的任何一天，吃过一顿午餐或晚餐，就会收取全月的 300 元餐费，没有任何就餐记录则不收取餐费。因此，基于理性利益考虑，月末入职的员工就不愿意在单位食堂吃饭。

第二部分是早餐，这部分是按照每次 2 元的标准收取，每次吃 1 顿早餐单独收 2 元，与第一部分不重叠。

以上两部分就餐产生的费用，都会月底从员工工资中扣除。

第二种收费方式和大家平时见到的收费方式相同，而第一种收费方式则极为少见，其本质上是按月扣费的模式。如果深入探究一下，为什么在一个食堂里面，会同时存在 2 种收费模式呢？我想大概有以下几种原因：

首先，便于降低就餐费。由于早餐结束时间较早，不少员工不一定能吃上，如果将早餐也纳入按月扣费模式中，势必增加每月就餐费，而员工并未获得任何实惠或好处。故将早餐与其他两餐分别计费，有利于降低员工的就餐费。

其次，便于生产供应。采用按月扣费，就餐人吃过一顿后，基本就会每顿都在食堂就餐，这样食堂每天的就餐人数相对固定，有助于原材料预测和采购，不大可能出现饭菜的浪费。

最后，便于减轻工作。其他单位食堂就餐卡结余后，还会产生一系列结算工作，然而，我们公司食堂按月扣费，绝对不会出现就餐卡有结余的现象，自然也就减少食堂不少的工作量。

因此，创新应当成为我们日常工作中不可分割的一部分，那么在工作中应当如何创新呢？简单来说，可以从以下 3 个角度思考：

1. 优化流程

记得我刚参加工作时，曾经分别到子公司人力资源部、总公司人力资源部、总公司综合办、总公司党群办四个部门办理入职手续。因为四个部门位于不同的办公地点，办完全部手续需要一整天的时间。后来公司集中了新员工的入职时间，再把四个部门的办事人员全部集中到人力资源部，为新员工提供一站式服务，不到半个小时就完成了报到工作，小小的流程改变就大大提高了工作效率。

2. 采用新技术

销售人员在向客户发送祝福邮件的时候，都希望能够将所有客户的邮件地址输入地址栏后一次性发送，但是又不希望客户之间看到彼此的邮件地址。怎么办？总不能一个个发吧？如果你懂得邮件抄送的功能就能有效地解决这个问题。一个小小的软件功能能够节约你大量的工作时间，提高你的工作效率。

3. 采用新方法

我们公司以前订桶装水的时候，通常都是水快要喝完的时候打电话给供应商，如果忘记了或者晚点叫水，那就可能没有水喝。经常出现这种问题，负责订水的同事就很紧张，老是要关注和担心水是否没有了。后来，我们分析发现，公司员工通常每天能喝完 8 桶水，且一般在下午 4 点喝完，针对这种情况，我们要求供应商每天定时定点送水。从此以后，负责订水的同事再也不用担心忘记订水，公司也再没有出现没有水喝的情况了。

三、要成长，先轮岗

岗位轮换，也称为工作轮换、职务轮换，指对同一人在不同岗位进行在岗培训的一种管理技术。从定义出发，岗位轮换大致可以归入人力资源管理中的培训开发范畴。在人力资源管理日趋流行的情况下，越来越多的企业开始应用岗位轮换这一管理技术。华为公司在《华为基本法》第七十二条指出："我们对中高级主管实行职务轮换政策。没有周边工作经验的人，不能担任部门主管。没有基层工作经验的人，不能担任科以上干部。"

管理学家罗伯特·萨顿认为，经常把人们从胜任并开始觉得安逸的工作中抽调出来，派他们去负责全新的工作，这样做是为了促使人们始终保持清醒，促使他们去学习新的东西，把他们不断地推向一个新的位置，一个能用新眼光看待旧事务的地方。公司获得如此大的创新能力以及财务成功的一大因素就在于管理者不断地给人们安排新工作，甚至派他们去做从未接触过的工作。[①] 可见，岗位轮换已成为直线经理人的管理手段之一。下面介绍一下不同类别岗位轮换的目的与作用，以及如何成功实施岗位轮换。

（一）加速新人成长

新员工岗位轮换是指对初次进入公司工作的员工进行相关岗位轮训。这一类型的岗位轮换目的主要是对新员工进行工作前的培训，帮助新员工从思维方式上认识本职工作与其他部门工作的联系，从而理解本职工作的意义，打破部门横向间的隔阂和界限，为协作配合打好基础。尤其是对分配到职能部门的新员工而言，在基层岗位进行轮换的经历，有助于使他们保持谦虚态度，从而减少职能部门与一线部门之间的分歧与纠纷，使新员工尽快熟悉工作，熟悉企业的业务和工作流程，适应岗位要求。做好这一类型的岗位轮换，需要注意以下几个方面：

1. 新员工岗位轮换以前，应先确定工作岗位再进行岗位轮换

否则，新员工在几个岗位的轮换过程中不知道以哪个岗位为基准。对于企业，在招聘新员工之前，肯定有岗位需求，因此，按照招聘时的承诺先确定新员工的工作岗位，有利于岗位轮换工作的顺利实施。当然，部分企业出于储备人才，不按照特定专业招聘人才，可以先岗位轮换，后确定岗位，这样便于每个人发现自己最合适的工作岗位。

---

① 罗伯特·萨顿.铅笔为什么能打结 [M].亚章，译.海口：南海出版公司，2004：196.

2. 新员工岗位轮换时间要合适

既不能太短，也不能太长。一般而言，新员工的岗位轮换时间在6个月到9个月。轮换时间太短，不利于新员工了解工作岗位的业务知识和工作流程，容易造成岗位轮换工作走马观花，达不到预期的效果；时间太长，则减少了轮换岗位的数量，也容易给轮换岗位所在部门造成工作压力。

3. 轮换岗位要精心设计

需要在对新员工的专业、个人素质和性格等方面全面分析与了解的基础上，确定新员工的轮岗岗位。深圳某公司的做法可供借鉴，他们先将公司的工作岗位分成三大类：市场营销、客户服务、技术维护。不同类别的工作岗位有很多，每个新员工都需要经历三大类别的岗位。同时，还确立了一项原则，预先分配到某个岗位的员工，就不能在该岗位上轮岗，这样做的目的是让新员工在更大范围和程度上享受轮岗的好处。

4. 上下宣传沟通

对上，要取得最高领导的支持与理解；对下，要与新员工和轮岗部门进行充分沟通，帮助新员工认识到轮岗工作的重要意义，做好新员工轮岗的思想准备工作，督促轮岗部门为新员工提供轮岗指导老师，建立指导、监督、考核与反馈体系，确保新员工轮岗工作的顺利实施。

（二）工作丰富化

工作丰富化指的是通过工作扩展来达到激励的目的。要让员工有自主权，有机会参与工作计划与设计，获取信息反馈，评估和修正自己的工作，从而增加他们的责任感、成就感和对工作的兴趣。同样也可以通过工作岗位的轮换来实现工作丰富化，帮助员工进行职业生涯规划，而且也能让员工感受到领导对自己的重视，感受到领导是在有意识地全面培训自己，因此会在新的岗位上施展自己更大的才能。这种方法既能调动人才的积极性，又能发现有发展潜力的人才，是增强员工工作满意度的经济有效的方法。岗位轮换还可以减轻组织晋升的压力，减少员工的工作不满情绪，避免僵化，利于创新。做好这类岗位轮换工作，需要注意以下几个方面：

1. 要以工作时间为轮岗的区分标准

员工对一个岗位由适应到熟悉再到能独立地做出贡献，有一定的周期，通常情况下，员工在任职至少半年后才能达到贡献期。因此企业在适用一般人员岗位轮换情况时应明确一个原则，那就是员工必须在一个岗位上工作相当长时间，至少3年，如果没有晋升，才有资格获得一般岗位轮换的机会。如果在过短时间内员工工作岗位变换频繁，对于员工心理带来的冲击远远大于工作新鲜感给其带来的工作热情，岗位轮换的效果就会适得其反。员工的贡献没有达到最大，企业也付出了培训和效率下降的代价，对企业、对个人的发展都不利。

2. 坚持自愿申请的原则

以摩托罗拉公司为例，摩托罗拉公司普遍实行工作轮换制度，只要有能力、有要求，公司就给予他们各种机会和权力，尽可能做到能上能下和民主决策，这样可以使更多的人得到锻炼，也便于每个人发现自己最合适的工作岗位。管理人员之间也采用轮岗的方式进行培养，人力资源、行政、培训、采购等非生产部门的领导多数具备生产管理经验，这不但有利于各部门更好地为生产服务，也有利于管理人员全面掌握公司的情况并成为合格的管理人员。前道工序和后道工序的生产工人、装配工人和测试检验工人也经常进行岗位轮换，这样可以使员工成为多面手。实践中，企业可以将有岗位空缺的部门公布出来，供全体员工选择。因此，坚持员工自愿申请轮岗的原则，可以极大提高工作效率和员工的满意度。

3.建立沟通协调与人员后继体系

如果员工申请轮岗，符合条件的，人力资源部必须发挥相应的沟通协调作用，对员工的现工作部门进行了解，判断其轮岗申请的提出是否与提高员工工作技能、职业生涯规划和工作丰富化相符合。如果不是员工受到了排挤等不公平情况，人力资源部就可以为现工作部门进行人员后继选择，在完成了工作交接以后，就可以实施岗位轮换。

（三）无轮岗，不提拔

中高层人员的岗位轮换主要是培养企业业务骨干，更多地让轮换者了解企业的整体运作，有助于培养企业接班人。从企业实践中来看，要想成为企业的高层管理人员，一个不成文的条件就是要进行岗位轮换，其理由在于：对于高层管理人员来说，应当具有对业务工作的全面了解能力和对全局性问题的分析判断能力。培养这些能力，只在某一部门内做自下而上的纵向晋升显然是远远不够的，必须在不同部门间横向移动，开阔眼界，扩大知识面；相应地从单一的职业通道发展成为高层管理人员的现象则越来越少。因此，这种类型的岗位轮换更多地是与企业的接班人计划相联系。从人力资源管理实践来看，做好这类岗位轮换的关键点在于：

1. 确定轮岗对象

企业要明确哪些骨干人员要进行轮岗，但意图不能太明显。因为，在中高层进行轮岗是一件比较敏感的事情，很容易让人将轮岗工作与晋升提拔相联系，既容易造成公司内部的不稳定，也容易让被轮岗的人员产生骄傲自满的情绪。因此，企业在处理中高层人员轮岗时尽量范围大一点，并在制订了相应的干部交流制度、取得了岗位轮换工作合法性的情况下再进行。

2. 慎重确定轮岗岗位

随意确定中高层人员的轮岗工作，容易造成各部门原有的工作关系被打乱。在工作岗位是短期的情况下，部门经理可能会追求短期绩效而忽视长远发展；某些专业部门需要较深的专业知识或特殊的能力和多年的经验，其他部门经理未必具有；由于高层管理人员偏离了他们熟悉的业务领域，其员工得重新适应新的领导风格，从而导致沟通和工作效率的降低。较为成熟的做法是按照企业内部的业务价值链所涉及的部门进行轮岗，尽量是日常业务相关度较高的岗位。例如研究开发部门的中高层人员到市场部门进行轮岗，人力资源部门的中高层人员到生产部门进行轮岗。

3. 需要和被轮岗人员进行充分沟通

如果中高层之间的岗位轮换没有经过最高领导会议的充分讨论，

也没有获得被轮岗人员的认同，那么岗位轮换往往很难执行下去，可能会对公司造成消极影响，容易导致中高层人员的不满、消极怠工，甚至以离职来进行抗争，造成人力资源的大损失。

4. 要对轮岗情况进行评估

以晋升提拔为基础的岗位轮换，目的是通过岗位轮换，识别被轮换者晋升更高层次岗位的能力，因此，就需要对员工的轮岗情况进行评估。评估包括了轮岗过程和轮岗结果两个方面的评价，其中轮岗过程主要对员工的管理能力、职业素质、专业能力、人际交往、创新精神等综合素质进行评价；而轮岗结果主要是对员工在这个岗位所取得的成绩进行评价，如公司对这个岗位的要求是什么，员工在这个岗位设立的工作目标是什么，离公司董事会的要求有多远等。评估报告应成为被轮岗员工晋升提拔的重要参考。

（四）防范人事风险

防范人事风险的发生，是人力资源管理的一项重要任务，它可以通过岗位轮换来实现。以关键岗位人员的岗位轮换为例，关键岗位人员的岗位轮换是指为了消除小团体、避免一些要害部门的人员因长期在一个部门而滋生腐败的一种岗位轮换，它的两大职能就是预防和备份。财务类岗位中的出纳员与会计员轮换就是一个常见的例子。做好这类岗位轮换，需要注意以下几个方面：

1. 识别关键岗位

公司通过对岗位的分析评价，根据岗位对公司价值的贡献，明确公司的关键岗位系列，建立相应的岗位风险防范指标，明确关键岗位的哪些内容是企业需要进行风险防范的，企业对违反规定的人员如何处理，进行关键岗位员工的轮岗需要多长时间比较合适等，最终通过关键岗位的识别，建立起企业关键岗位轮岗的风险防范体系，这是实施岗位轮换的基础。

2. 做好内部交接工作

为了明确责任，保证岗位轮换的效果，必须建立起完善的岗位交接制度，并严格遵守交接制度，认真办理交接手续。以财务会计人员的岗位轮换工作为例，在财务会计人员调换交接时，应正式办理交接手续，填写工作交接表，填明交接的日期、交接的账本、凭证名称和起讫张数号码以及其他文件资料等，由交接双方签章确认。相应的交接材料必须保存1—3年备查，同时保留企业对未来出现问题追诉的权利。

3. 对关键岗位备份

这包含2个方面的含义：一是实施知识管理，通过企业内部关键岗位的知识共享，例如采用定期汇报制度、部门专题会议、项目报告等方式，进行知识备份，将个人或者与工作相关的核心资料与知识，转化为企业的知识与经验；二是实施配角工作制，每个关键岗位配备2个或者2个以上员工，避免个人知识的独享。在实践中，企业并不用对所有的岗位都有备份人员，企业须将关键岗位进行细化，分成高度关键、中度关键、一般关键3类岗位，对中度关键以上的岗位进行人员备份，减少人力资源的浪费。通过对关键岗位备份，避免了将企业的安危系于员工个人之上。

　　以上是不同类型的岗位轮换的简单分析，在企业实践中，远远要比上面分析的情况复杂得多。因此，对于企业而言，在实施岗位轮换工作时就需要对轮换的对象和目的进行详细地分析与评估。例如，对于需要进行长期研究开发或需要保证项目完整性的岗位，如果实施岗位轮换就有可能使得研究开发等工作受到严重影响，对保持和继承长期积累的传统经验不利，可能使工作效率降低，所以这类岗位就不宜马上实施岗位轮换。从这个角度来看，岗位轮换对于企业是把双刃剑，需要结合企业的实际情况谨慎使用。

四、不一样的学习

　　下属的能力不足，不是管理者的责任，但不能提高下属的能力，却是管理者的责任。要提升下属的能力，除了前面提到的做好本职工作外，专业系统的学习也是不可或缺的。然而一提到学习，管理者往往会存在 2 个误区。

　　误区 1，培训工作不是人力资源部要负责和落实的事情嘛，用人部门积极配合人力资源部的工作就可以了。产生这种误区的根源在于，管理者根本不清楚自己的定位和职责，将本属于自己的培养下属的权力拱手相让。事实上，一般而言，人力资源部和用人部门在培养人才上是有分工的，人力资源部通常负责公司企业文化、制度规范以及通用能力培训，而用人部门通常负责对本部门员工专业能力的培训，人力资源部没有精力也缺乏能力来组织公司内部的所有专业培训。因此，提升员工专业能力的重担势必要落到用人部门上。其实，很容易分辨一个部门的管理者是否擅长培训员工，一个简单指标就是看他提出的招聘需求，即在不紧急的情况下，招聘的是否都是有工作经验的人，如果是，很大概率上说明他不喜欢培养新人，或者说懒得培养新人。

误区2，培训不就是请外部的老师来上课吗？因此，不少管理者会认为，员工培训是否做得好，关键就在于公司是否有足够的预算。实际上，从外部邀请老师进入公司课堂培训，只是众多员工培训方式的一种而已。对任何一家公司而言，外部的培训老师，除了进行一些通用课程的培训，如人力资源培训、财务审计培训、行政办公技巧培训等，绝大部分的外部培训老师，都不大可能完全熟悉你公司所属的行业，所采用的商业模式、管理模式等，他们的培训内容往往不一定适合你的团队。一些跨国公司，他们很少会邀请外部讲师，取而代之的是建立起企业大学，安排公司内部有经验的员工担任培训讲师，这种做法能够有效地将企业内部经验沉淀下来，对于员工而言，培训内容与工作实践能有效结合起来。此外，培训学习不一定都是要花费大量金钱的，在管理实践过程中，我发现有不少好的培训学习方法，可以低成本，甚至零成本实现对员工的培训。

（一）双导师

不少公司在员工培训上，都采用了导师制。所谓导师制，是指企业中富有经验的、有良好管理技能的管理者或业务人员，与新员工建立的支持性关系。导师通过正式与非正式的途径将自己的知识、技能传授给新员工，使新员工能够在新的工作岗位、新的工作环境中更好地适应和发展。我的做法与一般的导师制有所不同，对常见的导师制进行了改良，主要有 2 点：

第一，导师制的范围从新员工扩大到在职员工。不仅仅新员工有成长需求，在职的老员工也有成长需求，特别是在某个岗位上工作多年的，或者是岗位发生调动以及职位升迁的员工，他们会面临和新员工一样的困惑与挑战。

第二，导师制从单导师转为双导师。以往公司主要会为员工配置一对一的专业导师，因为公司认为员工最为急迫的是快速上手工作，但实践中，我发现员工的成长需求是多方面的，除了专业能力需求以外，还有对价值观、职业规划等方面的需求。因此，我还为员工配置一对多的职业导师。

在双导师的管理实践上，主要包括以下几个方面：

1. 专业导师

各部门应做好导师制培养考核记录。培养对象入职前，各部门就需确认好指导老师，并填写好培养考核记录的相关信息，提供给人力资源部，由人力资源部在发放入职通知书时，一并发给培养对象。培养考核记录主要包括培训计划、个人总结和用人部门考核三个方面的内容。

培训计划主要包括培养对象的主要学习内容及时间安排。用人部门考核主要包括专业知识水平、实际运用能力、协作能力、工作主动性和责任心等内容，着重考核实际能力是否达到培养目标。培养期内，因工作需要，导师或培养对象调离原岗位的，由培养对象所在部门重新确定导师，考核期连续计算。

2. 职业导师

除了专业导师以外，我还选择一部分自身综合素质较高，工作经验丰富，个人世界观、价值观正确，认同本企业发展理念、企业精神和企业文化，在企业中担任部门骨干，自我调整能力强、情绪稳定的同事担任公司的职业导师。职业导师与被指导对象进行不定期的交流（至少每季度进行一次面谈），形式不限，由职业导师自己设计。以我担任公司销售经理的职业导师为例，我为他们制定了如下的培养方案：

（1）午餐问题会。每周安排两名销售经理分别与我共进午餐，每次午餐时集中解决一个工作上遇到的问题；临时有问题需要我帮助解决的，不受午餐时间限制。

（2）读书分享会。每月分享一本图书，如《这样的干部辞职吧》《让管理回归简单》《格鲁夫给经理人的第一课》《卓有成效的管理者》《卓越的管理典范：马狮百货集团经验剖析 》《创业 36 条军规》等。每月 10 日前组织一次读书分享会，每位员工结合工作实践，分享当月指定书籍中的一个章节，我负责点评。

（3）迷你培训会。每月上半月周六（工作日）组织一次管理实践培训分享会（PPT 形式），每次培训不超过 2 小时，按照张××、冯××、李××、徐××、陈××、王××顺序依次分享，我负责点评。

在企业内部实行双导师制好处颇多，不仅能帮助员工在专业技能上快速提升，还能够帮助员工建立正确的价值观，增强员工对团队的凝聚力，更为重要的是，还能进一步完善对员工的评价。以往，对员工的评价只有用人部门评价这一种，实行了双导师制以后，人力资源部对员工评价又多了一种，对有才华的员工或不胜任工作的员工，人力资源部发现的速度和处理的效率都大大提升。

（二）阅读让人进步

对于任何一个团队而言，团队学习决定着团队的未来，这当中阅读占有重要地位。即便是今天，互联网的快速发展让我们获取知识的效率提升无数倍，但也没有哪种学习方式能够像阅读一样，可以帮助我们系统化地理解某个知识点。所以，管理者应当把阅读作为员工培训的一种重要手段。以过去我在企业中的实践为例，阅读实践可以分为管理人员、员工 2 个层面上的应用。

1. 管理人员层面应用

随着企业竞争态势的加剧，几乎所有的企业都面临着严峻的挑战，其中营销、生产、管理、服务、财务、法律等诸多方面，都会对经营管理提出新的要求。人力资源部经过一个多月的酝酿，在广泛征求了同事意见的基础上，于每年年初推出"公司经营管理阅读书目"，内容涉及市场、管理、人力、财务、素质五大方面。考虑到经理人员的知识、技能以及观念决定了一个组织能跑多快、多远，公司要求经理级以上人员按照专业分工必须学习，相关图书人手一本，全部由公司负责采购。

为了达到预期的效果，以季度为单位，对经理级以上人员的学习效果进行检查，即各部门每季度首月 10 日前填写本部门经理级以上人员的《××部门学习书籍汇总表》汇总到人力资源部；同时为达到学以致用的效果，要求每季度末月 20 日前，各部门将经理级以上人员的学习要点和应用效果填写《×× 部门学习应用表》汇总到人力资源部。

2. 员工层面应用

（1）低成本建立图书馆。为了降低书籍采购成本并提高书籍利用效率，人力资源部没有采用直接采购的方式购买图书，而是与图书馆进行合作。有的图书馆设有集体外借服务，缴纳一定押金，就可以外借图书 500 册，借期 365 天。很快，人力资源部就用最低的成本建立了企业内部图书馆。此外，人力资源部还从网络上下载了部分电子书籍，全部挂在内部的系统上面，方便全体员工根据自己的发展规划，随时随地下载学习。

（2）建立员工学习档案。对于一般员工的学习管理，主要是以自愿为原则，员工根据自身的学习与发展规划，全面或者有重点地选择下载学习，或以部门为单位组织学习。人力资源部将员工书籍学习情况和效果应用列入员工技能学习的档案，为员工的职业发展、中心人才选拔提供参考。同时也会根据书籍选修情况，有重点地组织专项讲座、公开课或学习交流活动，便于员工学习和掌握知识。

（3）提出差异化学习要求。对于管理者而言，要充分发挥阅读这一工具的作用，不能局限于前面提到的统一要求。管理者应当针对下属的职责分工，引导他们进行系统性的阅读学习，内容不仅包括图书，也应当包括专业的刊物、专业的网站等。我有一段时间，甚至要求经理级的员工，结合自身工作，必须要撰写专业文章，向专业的刊物投稿，稿件的发表与其本人的绩效考核结果挂钩。没有想到的是，2 名经理在人力资源管理方面的专业刊物上不仅发表了文章，还获得了几百块的稿费，要知道，现在多少大学教授发表文章，不仅没有稿费，还得向刊物缴纳版面费呢。

（三）人人都讲专业课

常言道，磨刀不误砍柴工。为了帮助团队成员成为专业、职业人士，除了员工自我学习以外，我还要求下属，特别是担任管理职务的下属讲课。这远比听课、学习难度更高，因为讲课的人必须对要分享的话题进行系统、全面的研究，转化成为自己的知识，形成 PPT 以后才可能做一次培训。因此，我在任何一家企业工作，都会提前拟定出具体的部门内部学习计划，让员工每周利用中午或者下班时间进行集中学习。表 4-1 就是我制定的 2013 年第四季度内部授课安排。

表 4-1　2013 年第四季度内部授课安排

序号	课程名称	形式	讲师	时长	日期	时间
1	劳动合同法核心条款解读（上）	面授	马××	90 分钟	11 月 25 日	17:30—19:00
2	卓越 HR 成长之路	视频	马××	90 分钟	11 月 27 日	12:00—13:30
3	劳动合同法核心条款解读（下）	面授	马××	90 分钟	12 月 2 日	17:30—19:00
4	职场 PPT 设计与美化速成	面授	李××	90 分钟	12 月 4 日	12:00—13:30
5	别告诉我你会写公文	面授	赖××	60 分钟	12 月 9 日	17:30—18:30
6	会讲话的人，成功概率多一倍！	面授	张××	90 分钟	12 月 11 日	12:00—13:30
7	如何思考、分析与解决问题	面授	马××	90 分钟	12 月 16 日	17:30—19:00
8	玩转职场 Excel	视频	蔡××	180 分钟	12 月 18 日	12:00—13:30 17:30—19:00

让你的团队成员加入授课行列中，可以实现对员工多个方面的锻炼。

首先，对员工的学习能力是一种锻炼。要分享一个话题，不太可能只阅读一本书或者一篇文章，必须要全面研究一个话题中的有关资料，客观上要求员工大量学习，达到一定程度以后，员工在这个话题上才可能成为专家。

其次，对员工的表达总结能力是一种锻炼。授课一定会涉及语言的表达，而且是有逻辑、成体系的表达。有人说：当众演讲的恐惧仅次于自杀。这话说得可能有些夸张，但是，不少员工私下表达能力不错，但是一到公开场合就语无伦次却是不争的事实。经常让员工走上讲台，面对众多的听众，会不断提高员工口才，逐渐消除怯场情绪，建立起当众演讲的自信心。

再次，对员工的展示能力是一种锻炼。一直以来，我的观念是：要出色地工作，更要出色地展示工作。我发现大部分员工在日常工作中极少使用 PPT，遇到正规汇报时，汇报展示的 PPT 从样式、色彩、构图等角度来看，效果极差。但是，也不能让员工没事就做 PPT 吧，做一个 PPT 消耗的时间与精力也颇多，因此，通过讲课制作 PPT 就是一个不错的选择。

最后，对员工实践联系理论是一种锻炼。我们常说理论联系实际，但是对于企业员工而言，员工更擅长的是实践，而不是理论。很多时候只是知道要这么做，并不知道这样做背后的道理，讲课会迫使员工从实践出发联系理论，从而实现不仅知其然，更知其所以然。

特别是，开展内部分享授课时，必须注意内部课程资源的积累。由于是针对一个具体的团队，很多课程讲过一次，以后就不大可能重复再讲。如果团队成员发生变化，或者有新的同事加入，一些有价值的课程可能就会丢失。因此，管理者应当重视内部讲师的课件资源的积累工作，这种积累不是简单的 PPT 课件收集，关键是要将课程录制下来。有人说，这对企业硬件与软件要求太高。如果要录制出类似于电视节目一样的视频，那要求确实太高；如果只是内部学习，可以借鉴培训机构的做法，采用屏幕录像的方式，仅需要采购一些专业软件，就可以将讲师的音频、PPT 以及授课过程录下来，和在现场接受培训没有什么区别。

（四）看电影学成长

关于成年人的学习形式和培训效果的话题，一直是管理者不断探讨的。为了以更加新颖的形式，吸引更多同事主动加入到自我学习和成长的行列中来，人力资源部整理出一批电影，按照不同员工的需求来组织学习。目前，电影学习主要针对新员工群体、新销售群体以及新管理者群体，人力资源部精选了部分经典影片，来帮助员工建立正确的价值观，特别是面对压力与挑战时，学习如何应对。

1. 新员工通用电影

《时尚女魔头》

《阿甘正传》

《幸福终点站》

…………

2. 新销售员工精选电影

《当幸福来敲门》

《利欲两心》

《甜心先生》

…………

3. 新管理者精选电影

《卡特教练》

《在云端》

《怒海争锋》

…………

上述这些电影，不仅在新员工入职培训的环节安排播放，用人部门也会不定期于周四、周五午休时间播放。既丰富了同事们工作之余的时间，又借助影片丰富的内涵、神奇的力量，让大家在电影中历尽尘世，放眼天下。

（五）不花钱的培训

一提到搞培训，就会和培训预算联系在一起，好像没有培训预算，就没有办法组织培训工作。你要是告诉他市场上有不花钱的培训项目，他的第一反应就是不可能。实际上，目前市场上有很多免费培训，或者只花一点点成本就可以享受的高质量的培训项目。这些培训项目主要分为以下几种类型：

1. 公益组织提供的培训项目

以人力资源管理为例，市场上有不少专业团队，大部分是以公益形式存在，经常会邀请行业内牛人以及专家，分享人力资源管理实践中的热点话题，由于与企业实践结合较为紧密，颇受学员的欢迎。

2. 商业机构提供的培训项目

不少商业机构在前期推广市场活动中，为了吸引更多人来报名培训或咨询项目，会向准学员提供不少高质量的培训课程。以香港大学研究生课程为例，2017 年设置了"讲座日"，提供了不少高质量的公开课。2017 年 4 月 15—22 日，香港大学 SPACE 中国商业学院（港大 ICB）春季"讲座日"在北京、上海、深圳、重庆四地同期举行，13 位名师，14 场讲座，设有创新创业、产品设计、用户体验、金融投资、市场营销、人力资源领导力等议题。

3. 政府机构提供的培训项目

为了促进企业员工素质的不断提升，一些地方政府开始对企业员工的培训项目予以资助。政府向专业机构采购培训服务，而中小企业可以免费报名，或者花非常低的成本享受各种专业的培训课程。以深圳市中小企业服务署为例，为保障深圳市 2017 年度中小企业产业紧缺人才培训项目计划的顺利执行，方便企业了解培训计划的各项安排并报名参加培训，深圳市中小企业服务署制定了《深圳市 2017 年度中小企业产业紧缺人才培训项目计划执行时间表》，全年共组织 235 项专业培训，涵盖了企业经营管理的各个方面。除经中小企业服务署核准的、执行时间为 2 天及以上的培训项目允许适当收费外，其余培训项目基本不向学员收取费用。深圳市注册的民营及中小企业可根据自身需求，积极组织本企业人员参加学习培训，同一培训班次每家企业参训人数不超过 3 人。

当然，管理者必须要注意监测此类培训课程质量，对于口碑不佳、商业意味浓厚、言之无物的培训课程，即使是免费的，也不能安排员工参加。

第五章

聚人心——让团队持续
充满激情活力

《淮南子·兵略训》有云："千人同心，则得千人之力；万人异心，则无一人之用。"

别告诉我你会带团队：
不是所有人都可以成为**年薪百万的管理者**

我一直觉得自己是一个对工作的关注程度远远高于对人的关注程度的管理者，这种管理风格好处是关注结果和效率，目标导向明确，不足的是对人的关心和关怀不够。因此，我在团队的管理实践过程中，特别有意识地优化与调整自己的管理风格，努力实现关注工作和关注人之间的平衡。

人心是什么？人心是一种感觉，是一种对团队的归属感，是来自员工对日常管理的感受，更是团队凝聚力的重要来源。举例而言，2016年，深圳遭遇了几次超强台风，在台风来的前一天，为了保证市民的生命财产安全，深圳市政府发布停工、停学和停市的通知。有的企业在当天就通知员工第二天在家办公，同时，鉴于发布通知的前一天，天气情况也不是特别好，企业同意员工可以提前1小时下班。反之，有的企业也发布了第二天停工的通知，但并不十分情愿，而是迫于政府通告的压力，第二天上午发现天气并未如预期的那样恶劣时，又马上通知全体员工下午回来上班。

各位，当员工返回公司上班，发现一路上空荡荡的没有什么人的时候，员工的内心会如何想？他们会对企业产生归属感和凝聚力吗？他们会全力以赴为企业努力与奋斗吗？答案当然是否定的。当然，我可以理解老板的想法，几百人没有上班，一天的人工成本就不知道浪费多少。但是，也请不要忘记，管理者现在面对的员工，已经不是生产线上的体力劳动者，大多数都是知识型员工，他们的工作投入与努力，很多情况是不能简单通过时间来量化的。对于自己热爱的工作，以及认可的上司和公司，即使是加班加点，他们也是无怨无悔的。所以，各级管理者应当学会算大账，而不是精于算小账，否则往往得不偿失。

一、无处不在的团队沟通

什么是管理？管理学家亨利·法约尔告诉我们：管理是所有的人类组织都有的一种活动，这种活动由 5 项要素组成，计划、组织、指挥、协调和控制。稍有工作经验的人都会知道，这 5 项要素没有哪个能够脱离沟通而独立存在。就这一点而言，沟通能力已经成为管理者能否胜任工作的核心所在。

今天，随着互联网和通信技术的发展，沟通已从传统的信件、会议、传真、电报等方式，向邮件、即时通信（微信、QQ）等方式转变，甚至未来可能出现虚拟现实技术下的沟通，团队之间的沟通效率与便捷性大大提升。即便如此，我仍然更推崇面对面沟通，提倡管理者的大门永远敞开，主要有以下几个原因：

第一，面对面沟通效率更高。短短的面谈，可以承载无数的文字信息，远比把面谈内容转化为文字要方便得多。

第二，面对面沟通感觉更好。如果不是面对面沟通，就必须借助于各种技术手段或工具，所以看到的不是一个个鲜活的个体，无法全面感知沟通中的细节，也就不可能取得最好的沟通效果。

第三，面对面沟通文化更好。在组织内部提倡面对面沟通，实际上也是在提倡一种沟通文化，提倡公司内部通过高效沟通来解决问题，而不是采用烦琐官僚的沟通流程，或者繁文缛节的沟通方式，这有助于公司核心价值观与企业文化的贯彻与落实。

谈到团队沟通，我认为管理者应当重点做好以下几个方面的工作：

（一）善待批评你的人

曾经有家公司找我谈合作，一开始我们双方就合作方式沟通了几次，其间我提出一些不同的意见。没有想到的是，自从我提出这些意见后，对方就不再和我接触，并擅自取消了与我确定好的合作项目。后来，有朋友告诉我，那家公司与我接触的员工反映，我的要求太多太高，不好伺候。

我听后会心一笑，我发现有的人逻辑有问题，搞不清楚我是在帮他，还是在刁难他。不少人无法分清楚刁难和建议之间的区别，尽管两者看上去很相似，实际上两者之间有不少区别。

首先，刁难是故意为之，恶意成分居多，假如是合作的话，刁难你的人并不希望合作真正搞成；建议则是真诚的、有的放矢的、善意的成分更多，提出建议的人对合作进行了认真思考与分析，希望合作能够成功。

其次，对于刁难，如果不小心接受了刁难方的要求，大概会遭受损失；而对于建议，如果合作成功，双方都会因为完善了合作方式而受益。

最后，对于刁难，即使合作成功，后续矛盾冲突也会不断；而对于建议，因为一开始就想清楚细节，后续执行反而顺畅。

因此，我常常告诫我的下属一定要善待批评你的人，给你提出意见的人，无论是外部客户、内部客户，还是监管者，都是帮助你成长的贵人。相反地，没有任何要求，从不提条件，对你言听计从的人，反而要特别小心，要么是能力有问题，提不出问题；要么有其他考虑，暂时不提要求，待你处于关键环节的时候再提，让你没有退路。

（二）午餐不仅是午餐

不管我在哪家公司工作，都有一个习惯，午餐时间都会预留出来，与同事、客户进行沟通。实际上，我是可以自己带饭到公司的，但是我一直认为午餐绝对不是一个简单的午餐，在午餐时间与同事、客户沟通，真的是一个极好的主意。

我还清晰地记得，当我在一览网络工作的时候，有一段时间，人力资源部面临非常大的人才招聘压力，其中销售人员的招聘是重中之重。因此，为了更好地支持业务部门的人才招聘工作，我约销售总监和负责招聘的经理中午一起吃饭，顺便讨论目前人才招聘工作中遇到的挑战与困难、解决思路以及需要业务部门如何支持等。中午讨论问题的效率很高，在吃饭的过程中我们对解决思路进行了充分讨论，吃饭一结束我们就在带来的白纸上，将讨论确定下来的目标、措施、截止时间、责任人全部写下来。下午一上班，招聘经理就把午餐会讨论的内容，整理成为会议纪要发给相关人员，作为执行和考核的依据。

让我意外的是，在我离开一览网络以后，销售总监有次和我聊天，她告诉我那天中午安排的午餐会，让她特别感动。因为她从来没有想过，我会对她的招聘需求如此认真对待，并且还带着具体负责的同事一起沟通，而不是在会议上随便说说，或者做做指示就行了。她认为我是在认真地帮助她解决问题。

说实话，我也没有想到一个午餐会竟给销售总监带来这样的感受，一方面我很欣慰，因为自己在沟通上的努力并没有白费，另外一方面我也感到有点遗憾，因为这说明过去公司各级管理者，采用这种沟通方法实在是太少。所以，不管到了哪家公司，我都大力呼吁各级管理者，积极采用午餐会的沟通方式，因为它的好处确实太多了。

通过午餐会，可以充分了解业务需求，这是因为午餐会气氛比较轻松，环境比较舒适，可以让人放松下来，不像在办公室开会那样严肃。如果午餐会沟通氛围把握好一些，人在这种状态下往往会知无不言、言无不尽。作为管理者，如果每周五的午餐时间，都是与同事、客户进行沟通，那可以获得多少从正规渠道无法获得的有价值的信息啊。

另外，午餐会，一般都在茶餐厅性质的地方进行，成本相对较低，利用的是休息时间，并未占用正常工作的时间，不会对业务部门的正常运营造成影响，再加上还有下午上班时间的制约，沟通的效率相对较高，可以在很短时间内达成一致意见。相反地，有的企业在沟通方面，采用在工作时间大量开会的方式，最为宝贵的白天全部都处于开会状态，哪里还有时间去接触客户，解决业务和人员方面遇到的问题呢？因此，午餐会是一个低成本、高效率的沟通方式。

从我自己的管理实践来看，要进一步地提升午餐会的沟通效率，还应当做好午餐会的计划工作。我自己的做法是：在不考虑出差的情况下，每周5天的工作时间，我会将其中的3天固定下来，安排与业务部门的同事共进午餐，另外两天的时间我机动安排，主要处理一些突发问题。然后，我让下属帮我提前安排好未来一个月的午餐会，提前邀请共进午餐的同事，一方面让同事提前有所准备，另外一方面不要影响别人的正常安排。这样，就可以将午餐会这个工作方法应用到极致。

（三）新人沟通的正确姿态

任何一个团队都存在人力资源的"吐故纳新"，团队要实现持续健康的成长，就必须要做好新员工的管理工作。但是在管理新员工方面，管理者常常会犯"散养"的错误，对新员工的成长过程不理不顾，任凭其"野蛮生长"。这常常导致新员工缺乏目标感，缺少对团队的归属感，也会影响对员工客观公正的评价，甚至还会让不胜任的新员工长期滞留公司，徒增公司人力成本。无论是我自己公司的人力资源数据分析，还是学者对员工离职的数据分析，都一致证实：在新员工试用期阶段，如果缺少与新员工的沟通，可能会使新员工对公司缺乏信心而离开，这就可能给公司带来人才和成本上的损失。

实际上，在新员工加入公司以后，管理者可以通过与新人沟通，实现对其有效管理。这当中有 3 个关键的时间点，不同时间点的沟通侧重有所差异。

1. 新员工入职 1 周内

新员工刚刚加入一家公司时，常常会对公司的一切都感到好奇，开始熟悉自己部门与上下游的同事，了解正常开展工作需要的条件，以及适应公司的文化氛围，等等。这个阶段的新员工处于极度不稳定的状态，任何一个环节的事情没有处理好，都可能导致新员工的离职。

我曾经遇到一个新员工，入职 1 周多就离开公司，恰好我面试过此人，对其评价不算低，因此，我让人力资源部同事对其进行回访，了解其离职的原因。他告诉我们，入职一开始他就申请了制作名片，到离职前一直都没有得到反馈，感觉公司管理混乱，他不太愿意在这样的公司氛围中工作。且不说名片管理上是否有问题，但是这位新员工的离职，完全是可以通过沟通来解决的。这个阶段的沟通重点就是帮助新员工能正常进入工作状态，帮助新员工解决遇到的问题与挑战，消除其在新环境下的不安情绪。

2. 新员工入职 1 个月内

新员工在这个阶段，基本上完成了初步的工作及团队与文化的适应，管理者应当将工作重点转移到目标管理上来。不少新员工进入公司以后，上司对新员工没有设定具体的工作目标，更别谈试用期的工作目标了，基本上都是做到哪里算哪里。如果这个阶段，管理者还不和新员工沟通，明确试用期的工作目标，一晃几个月试用期就过去了。到时候，再来评价新员工的绩效，其依据就不够充分。因此，管理者在这个阶段要把目标作为沟通的重点，与新员工讨论工作的思路与方法，并告诉新员工公司将会把讨论确定的目标，作为试用期转正考核的依据。

3. 新员工转正前 1 周内

管理者在这个阶段的沟通重点有 3 个：一是新员工试用期的目标达成情况。要听取新员工的目标完成情况，帮助新员工对目标完成的提炼，更好地帮助新员工在转正答辩会上展示，否则，管理者就要考虑及时终止对新员工的试用。二是分析判断新员工达成目标的方法与手段。对于一个组织而言，不需要为了达成目标而不择手段的员工，需要的是能够正确做事的员工，能够坚守公司价值观与文化的员工。三是与新员工沟通下一个周期的目标。这些目标要和团队目标有效承接起来，试用转正不是终点，而是新员工开始大展拳脚的起点。

此外，管理者在与新员工的沟通过程中，要有意识地抽取部分跨级下属进行沟通。这种跨级沟通不是要打乱组织正常的汇报关系，而是帮助管理者能够更加全面把握自己团队的人员状况，有效判断自己在管理团队工作要求上是否真正贯彻落实到位。

（四）绩效面对面

有一种沟通，管理者不大喜欢，因为可能面对比较大的人际压力，但是又不得不面对，这就是绩效沟通。那什么是绩效沟通呢？绩效沟通是指绩效管理过程中，考核双方针对绩效管理过程中的绩效目标制定、执行、评价及结果应用等进行交流的管理方式。这里面既有正式方式，也有非正式方式，管理者可以根据实际情况加以应用。正式沟通主要包括在线沟通、书面沟通、会议沟通、面谈沟通等方式，非正式沟通主要包括走动式沟通、电话或电子邮件沟通等方式。无论采取何种方式，管理者在绩效沟通方面都应遵循以下原则：

第一，持续原则。绩效沟通应贯穿于绩效管理的全过程，包括绩效目标制定、执行、评价及结果应用等环节。

第二，互动原则。绩效管理需要考核双方积极主动参与，注重加大员工的参与程度，提高绩效管理的有效性和效率。

第三，务实原则。针对不同的沟通对象，选择不同的沟通方式和渠道，聚焦难点，直击问题，客观坦诚，讲求实效。

从管理实践来看，员工的绩效沟通主要包括绩效计划制定、绩效配套管理制度沟通、日常绩效辅导、直接下属沟通、跨级下属沟通、结果公示、针对性沟通、员工绩效分析会等。根据绩效管理的不同阶段，可以把前面提到的这些形式，归入目标制定、目标执行、考核反馈这3个阶段的沟通，具体详见表5-1：

表 5-1　员工绩效沟通一览表

阶段	沟通形式	沟通时间	主要沟通方式
目标 制定 阶段	绩效计划制定	月度 / 季度 / 年度	会议沟通 面谈沟通 书面沟通
	绩效配套管理制度沟通	年度	会议沟通
目标 执行 阶段	日常绩效辅导	不定期	面谈沟通
	直接下属沟通	不定期	面谈沟通
	跨级下属沟通	不定期，至少每半年一次	面谈沟通
考核 反馈 阶段	结果公示	按考核周期	在线沟通
	针对性沟通	月度 / 季度 / 年度	书面沟通
	员工绩效分析会	月度 / 季度	会议沟通

1. 目标制定阶段的沟通

（1）绩效计划制定

①管理者应与下属充分沟通，在对组织绩效目标分解落实的前提下，向下属阐明绩效考核的依据，并充分听取下属的意见和建议，确定下属的岗位关键业绩指标及指标值和目标任务，确保指标量化可控、切实可行、科学合理。

②在岗位关键业绩指标及指标值和目标任务确定后，下属与管理者充分沟通，共同制定员工绩效计划（含关键能力提升计划）。经双方确认生效后，作为员工绩效考核的依据，双方应对绩效计划的实施过程和完成情况保持充分的沟通。

（2）绩效配套管理制度沟通

一般于每年1月，各部门在本单位组织绩效目标明确后，在充分沟通的基础上制定与绩效考核相配套的管理制度，并按照规定予以公示，听取员工的合理意见和建议，以提高绩效管理的透明度，实现对绩效管理执行的有效沟通。

2. 目标执行阶段的沟通

（1）直接下属沟通：管理者可以根据实际情况，不定期与直接下属进行面谈沟通，帮助员工达成绩效目标。沟通内容主要包括下属历史绩效及评级情况、参加培训情况、工作态度、存在不足等方面，提出对员工的初步绩效诊断和改进建议；下属应结合管理者的评价，进行自我剖析、自我诊断，针对短板提出改进计划。管理者填写《直接下属绩效沟通面谈记录表》。属于以下情形的，应作重点沟通：

①工作中有突出表现或重大失误的员工；

②完成绩效目标有较大困难的员工；

③本人提出绩效沟通需求的员工。

（2）跨级下属沟通：跨级管理者可以根据实际情况，不定期与跨级下属进行面谈沟通，帮助员工达成绩效目标。沟通内容主要包括工作情况、团队管理情况、员工与直接上级的沟通情况等。跨级管理者倾听员工的意见与建议，给员工指出努力方向。跨级沟通原则上每半年进行一次，绩效较高、较低的员工各占50%，面谈人员名单可采用下属推荐和指定相结合的方式确定。跨级管理者填写《跨级下属绩效沟通面谈记录表》。

3. 考核反馈阶段的沟通

（1）结果公示：各部门应将绩效考核结果在绩效考核责任部门和规定时限内公示，公示结束后，如无异议，则绩效考核结果自动生效。员工对本人的绩效考核结果存有异议，可在公示期向所在单位提出书面申诉要求及依据，由各部门按照规定程序执行。

（2）针对性沟通：月度、季度、年度绩效考核完毕后 10 日内，管理者负责绩效考核责任部门的员工绩效沟通，重点做好与绩效考核优秀的员工、绩效考核基本称职及以下的员工的面谈。管理者填写《直接下属绩效沟通面谈记录表》。

（3）员工绩效分析会：各绩效考核责任部门应做好员工绩效分析会的资料准备工作，一般每个考核周期结束后的第一个月召开一次员工绩效分析会。分析内容主要包括员工知识技能、行为态度、绩效督导、员工培训等，形成员工绩效分析报告。

在员工绩效沟通过程中，如遇考核双方对考核结果无法达成一致意见的情况，管理者应将情况报所在单位人力资源部，由人力资源部予以核实处理。

（五）全员沟通的"三板斧"

前面提到的沟通方式，基本上都是一对一沟通。要实现对全员的沟通，特别是组织规模较大的公司，管理者不大可能采用前面的沟通方式，必须追求效率，要采用更加高效的沟通方式，也就是一对多的沟通。一对多的沟通主要强调信息传播，改变组织中信息不对称的状况。信息传播是把管理者的想法传递给员工，其中文字是最为精准的传播工具。在全员沟通中应用最为广泛、常见的传播方式有 3 种：

1. 由公司高管撰写文章

高管可以就公司的战略规划、重大事件、核心价值观等各个方面形成文字，面对全体员工进行传播。这种方式可以有效传播公司的价值观与理念，澄清可能存在的误解，避免在公司管理层级较多的情况下传播失真的问题。即便是平时没有什么可以写的，至少高管人员可以在新年向全体员工发表新年贺词。下面是39健康网2009年的新年贺词：

新年感谢信

亲爱的公司同仁：

　　新年伊始，牛年临近，39健康网感谢大家一直以来对公司的信任和支持，感谢大家兢兢业业为公司付出的激情和汗水，感谢大家同舟共济与公司一起创造了卓越和成就。我们在经历了2007年的辉煌之后，又度过了2008年不平凡的一年。从年初的雪灾、5月份的四川大地震、8月份的奥运会到年底的国际金融危机，一系列重大事件给39健康网的快速发展带来了巨大的挑战。面对困难，我们迎难而上、携手并肩、互相激励、共同努力，39健康网的流量与营收连续翻番，取得了不俗的经营业绩。

　　展望2009年，国际金融危机将会对国民经济带来持续深入的影响，但是39健康网快速成长的脚步并不会停下来。我们将在营收、流量以及内部管理等各个方面树立并承担更具挑战性的目标，和全体同仁一起携手开创人类健康事业的卓越未来，不断为用户提供更为专业、更为完善的健康信息服务，让39健康网成为网络生活中最值得信赖的健康顾问。

　　作为39健康网大家庭的一员，每位员工都是公司宝贵的财富，你的成长维系着公司的兴衰与发展。衷心希望每位员工在2009年努力工作的同时，坚持学习，持续成长，不断提升自身的专业水平和技能，继续发挥艰苦创业的精神，共同创造39健康网的美好未来，一同分享公司发展的丰硕成果。

值此新春佳节将临之际，送上我们最诚挚的问候和衷心的祝福，祝愿你和你的家人身体健康，工作顺利，家庭幸福，万事如意！

2. 由部门撰写新闻动态

我在很多企业都发现一个问题，当组织人员规模变大时，员工常常不知道公司出现了哪些新的变化。员工渴望对公司发展有所了解，公司也期望能够将最新的进步告诉员工，以振奋团队士气。能够解决双方需求的就是由部门撰写新闻动态。来看下面这个公司内部的新闻动态：

喜讯：39健康网获"2014年度广州市总部企业"认定

2014年8月12日，广州市服务业发展领导小组办公室公布了《广州市2014年度新认定总部企业名单》，39健康网（广州启生信息技术有限公司）顺利通过认定。

经过14年发展，39健康网在所属行业内，综合排名和营业收入持续领先，本次总部企业的认定，是对39健康网综合竞争能力的充分认可。成为总部企业后，公司将有可能获得房租补贴、人才奖励等经济奖励和补贴，并将获得技术创新支持、人才服务支持、畅通信息服务和优化政务服务（如企业工商登记前置审批、税务服务"绿色通道"）等政策扶持，为公司的发展壮大提供更有力的支持。

对于公司新闻资讯，公司必须要建立相应的管理规范，要求各部门将本部门负责的重大事件，以新闻资讯的形式，在公司网站或OA系统中刊发出来。在实施新闻报送机制的前期，还可以将新闻发稿数量纳入到部门的绩效考核中去，定期监测各部门的发稿情况，对于发稿数量较多的部门予以表彰，对于发稿数量较少的部门进行约谈，帮助各部门养成及时刊发新闻的习惯。

3. 由企业文化部门编辑出版内刊

企业内刊实际上是前面高管文章、新闻动态的升级版。内刊可以逐步完善公司的企业文化建设，搭建企业内部沟通的桥梁，不仅涵盖了前面的内容，还可以展示公司优良的品牌形象，记录公司的成长历程，树立健康愉快的企业文化，分享科学实用的管理方法，展现丰富多彩的员工生活。例如，39 健康网最初筹办的内刊为月刊，每月中下旬出版，主要的栏目见表 5-2。

表 5-2　39 健康网内刊主要栏目

序号	栏目名称	栏目内容	你可以这样做
1	总裁说	总裁寄语，公司文化、价值观的宣扬	
2	公司动态	公司整体或部门发展动态	
3	39 健康人	优秀或突出员工的访谈	如果你知道身边同事的不为人知的感人故事，同样欢迎推荐
4	管理之道	公司内部管理人员在实际工作中总结出来的观点、管理方法；最新的管理工具或方法的介绍	如果你有最新的管理工具或方法，欢迎推荐
5	员工沙龙	原创的各种题材、体裁的文学作品、书画等艺术作品；推荐文章	如果你有原创的文学、书画、雕塑、摄影等任何形式的艺术作品，或者有喜欢的好东西希望跟大家分享，就别藏着掖着了，赶快投稿吧
6	39 SHOW	以轻松活泼甚至搞怪的员工活动照片为主，配以简短文字说明；逐一"晒晒"各同事的兴趣爱好，利于增进员工关系，结交朋友	如果你有照片，如果你愿意让大家进一步了解你，那就快来投稿吧

二、差异化的表扬与批评

大多数管理者都容易批评下属，而吝啬于表扬下属，我自己也存在类似的问题。当然，说吝啬可能不太准确，更加准确的用词应该是"不善于"，不大懂得合理运用表扬与批评这 2 种最为常见的激励工具。实际上，表扬与批评运用得当，比金钱还管用。

我在 39 健康网工作的时候，公司每年在春节前都会组织盛大的年会，来犒劳辛勤工作与奋斗了一年的员工。按照惯例，在年会开始的环节，公司董事长会做一个简短的致辞，致辞的内容大致是回顾过去、展望未来，其中一般都会提到业绩突出的团队或者个人。我清晰地记得有一年年会，当董事长致辞结束以后，坐在我旁边的一位销售总监，神情沮丧地低声说："今年我们团队业绩较去年有 50% 的增幅，但董事长的致辞却没有提到我们团队。"这位销售总监销售能力突出，业绩在公司内部是鹤立鸡群，平时为人颇为张扬和强势，我以前一直认为销售人员几乎都是利益驱动，除了金钱层面的激励以外，其他东西对他们而言，都不太重要。我还真没有想到，这位销售总监居然会如此看重董事长的发言内容。

表扬有正面的激励作用，批评也有。有一段时间，公司行政部门的同事对洗手间的卫生状况极为头痛，部分员工存在一些不好的卫生习惯，导致洗手间的卫生情况堪忧，不少同事对此反映强烈。行政部门的同事先后多次发出通知，提醒同事们注意保持洗手间的卫生状况，但收效甚微。那怎么办呢？我们并不知道是谁不讲究卫生，总不可能在公司的洗手间装上一个监控设备吧。我琢磨了一下，可以采用公开批评的方式来处理这个问题。我让行政部的同事把洗手间里那些不卫生的情形全部拍下来，打印出来张贴在公司公告栏、洗手间每个蹲位的门上，对不卫生的情况进行了公开批评与谴责，强调公司每位同事都有义务维持良好环境卫生。每个人，即使不爱卫生的人，也都喜欢干净舒适的环境。看到行政部的同事整理出来的那些照片，每位同事都受到极大的震撼。结果不到 3 天的时间，洗手间的卫生状况就大为改观。

因此，管理者必须要意识到，很多时候上司对下属的激励不是只有金钱一种手段，公开表扬或批评都是一种非常有效的手段。无论给予员工什么样的物质奖励，精神层面的表扬都是必不可少的。一句很短的表扬的话，拍拍下属的肩膀表示对下属努力的鼓励与感谢，都可能让员工感受到来自上司的温暖，这种激励可能让下属兴奋或开心很长一段时间。在这种方式的激励下，员工可以在相当长的一段时间内，保持高效的工作状态，表扬和批评可以说是最为高效的激励手段。

（一）小胜小庆，大胜大庆

管理者要明白，团队士气的来源就是在工作中要"打胜仗"。长期保持团队士气的重要秘诀，就是要在胜仗完成以后，及时对打了胜仗的团队进行激励。胜仗有大有小，不能只有等到打了大胜仗以后，才开始对团队进行激励，那么全年下来可能就没有几次激励的机会。因此，只要完成了团队既定的目标，无论大小，都可即时庆祝，庆祝又攻克了一块难啃的骨头，让团队成员的士气一直保持在高昂的状态下。这种做法就是人们常说的"小胜小庆，大胜大庆"。

1. 小胜小庆

我一般把月度或季度目标的完成，当作"小胜小庆"的主要来源。我用一个例子来具体说明是如何操作"小胜小庆"的。

2016 年，我在一览网络工作的时候，公司首次获得了由深圳市中小企业服务署授权的培训项目的承办权，该项目涉及参加培训的人数达 300 多人，具体由人力资源部门牵头实施，市场部门负责协助完成。对于一览网络来讲，公司以前从来没有承办过政府培训项目，而且也没有组织过超过 100 人的大型会议。对于能否组织好这样一个活动，人力资源部和市场部的同事心里其实并没有底。

为了打好这场战役，人力资源部门和市场部门抽调人员组成了一个临时项目团队。项目团队对组织实施本次培训的成功要点与难点进行梳理，整理出来讲师与课题设置、学员邀约、市场推广宣传、会议现场赞助等 10 多个关键点，然后将具体工作分配到个人，明确截止时间。经过项目团队的共同努力和精心准备，该培训项目大获成功。当天参加培训的学员超过 300 人，就连走廊上都站满了人，培训结束以后学员对培训效果的评价也颇高。

项目结束后，我邀请项目团队的核心成员共进晚餐，晚餐分为 3 个环节。第一个环节，我代表公司对项目成员取得的成绩予以肯定，对项目成员加班加点的努力表示感谢。第二个环节，因为事先已经通知项目成员，提前做好项目总结与分析，我们对项目实施过程中的经验与教训，进行了充分讨论，并整理出一套培训项目操作模板。第三个环节，晚餐与游戏环节，是彻底放松的环节，我们开始进行"三国杀"，让活动在轻松、愉快的氛围中结束。

2. 大胜大庆

"大胜"的来源一般是中长期目标的完成，例如半年或年度目标的达成，或者是团队完成了对公司经营管理有正面作用的项目，实现了对公司资源的沉淀、能力的形成或成本的降低，等等。

2016 年 1 月末，我所在的公司一览网络向仅有 5 人的人力招聘团队，下达了一个非常艰巨的任务，要求第 1 季度完成 500 多人的招聘任务。由于 2 月上旬是春节假期，加上 1 月份基本上已经过完，而春节前就没有什么人应聘。因此，留给人力招聘团队的时间实际上只有不到一个半月。除了要完成日常工作以外，基本上平均每个成员要完成 100 人的招聘任务，当然，我们不能为了完成招聘任务，就降低对人才质量的要求。因此，在质量、时间、数量等多重压力下，这个工作任务，对招聘团队而言，看起来好像是一个不可能完成的任务。

因为一览网络主营业务本身就是招聘业务，我们没有理由还要找外部供应商，帮助解决招聘难题，这样采用外包和外援的路就被堵死了，留给我们的只有自力更生。招聘团队在困难面前并未退缩，大家集思广益，纷纷献计献策。招聘团队发现在招聘对象中，有将近三分之一都是招聘交付人员，交付岗位就是公司为客户招聘人才的岗位，换而言之，其工作职责与公司 HR 没有什么区别，只是一个是为客户招聘，一个是为公司内部招聘。招聘团队灵机一动，反正所有进来的交付人员都有一个试用培训的过程，为什么不能让他们在试用期的第一个月，完成为公司招聘 2—3 人的目标呢？这样做，不仅对新招聘的交付人员提出具体试用期目标，锻炼了其招聘能力，而且他们也通过帮助公司招聘人才，对公司各个方面的情况迅速熟悉起来。采用这种方法后，招聘团队的工作效率迅速提升，在公司规定的时间内，顺利完成了全国 500 多人的招聘任务，有力地支撑了公司业务发展。

为此，公司向人力资源部门颁发了年度突出贡献奖，要知道公司成立 10 多年来，这是首次向职能部门颁发突出贡献奖。公司还向人力资源部门颁发了几万元的奖金。为了更好激励人力团队，我将奖金分为三部分处理：二分之一用于部门内部年度表彰，向在本项目中做出贡献的同事颁发奖金；三分之一存入部门活动经费，主要用于未来团队建设的各项开支；六分之一用于购买专业书籍，根据不同岗位，为部门员工购买用于提升专业能力的书籍。

（二）当众表扬，单个批评

稍微有点管理经验的人，针对员工个人表现，都懂得"当众表扬，单个批评"的管理技巧。提倡当众表扬而不是私下表扬，并不是说私下表扬没有激励作用，而是前者的激励效果会更好。因为更多的人知道了上司对下属的工作评价，也知道员工被表扬的理由，被表扬的员工可以获得更大的满足感，没有被表扬的团队成员也可以更加明确自己未来的努力方向。相反，单个批评而不是公开批评，实际上是要给下属留有足够的脸面。很多情况下，事情本来很简单，但是由于没有给别人面子，往往可能导致一些严重的后果。

我曾经就遇到过这样一位管理者，性格张狂，在工作上喜欢独断专行，听不进别人的意见，更不会考虑别人的感受。有次，他的一位下属在工作上未能达到他的预期，他在一个跨部门的会议上，当着众多同事，对下属直接破口大骂，这位下属一下子就蒙了，因为从来没有遇到过这样没有涵养的人。在忍了几分钟的辱骂后，该员工实在忍不下去，摔门而出，冲到人力资源部门，要求领取辞职表马上辞职，认为该上司对其缺乏最起码的尊重。人力资源部的同事好好安抚了这位员工一番，待他情绪稳定后让其提前下班回家。第二天，这位员工还是向上司正式提出了辞职，没有想到其上司却承诺加薪挽留，这位员工考虑了一下决定继续留下来工作。

知道了整个事情的来龙去脉，我的分析与判断是，该上司的脾气性格是不可能改变的，即使加薪也不能解决两人之间存在的矛盾与冲突，这位员工应该不用太长的时间就会离职。果不其然，辞职事件发生不到3个月后，这名员工还是辞职走人。

不当众批评，是为了更好地帮助同事改善绩效，如果当众批评同样能达成这一目的的话，也可以谨慎地使用当众批评。我曾经观察自己的一位下属，发现他好几次都不能按期完成任务，并且有擅自更改工作任务的毛病，我私下提示了他几次无果后，担心这种风气如果不加以制止，会逐步在团队内部蔓延，执行力强的员工也可能会受到不良的影响。因此，我立即采用在部门例会上公开批评的方式来处理此问题，从后来的发展变化看，效果还是比较明显的。尽管如此，管理者采用公开批评的方式，要特别注意以下几点：

1. 事前有铺垫

不应一开始就公开批评，而是先私下批评，这样可以让员工减少对公开批评的抵触，让他认识到管理者还有一系列的管理措施。因此，一般来说，只有私下批评没有效果后，管理者才应该及时对管理措施进行升级。

2. 事中有依据

批评下属要注意事实的收集，所有的批评都是建立在事实的基础上，也要注意用词用语的准确。当众批评绝对不能变成管理者发泄情绪，随心所欲地辱骂下属，甚至变成对下属的人身攻击。

3. 事后有考核

所有的管理目标，都是为了完成工作任务，落实工作要求。公开批评必须要和绩效考核结合，将公开批评的内容纳入下属的绩效考核中，唯有如此才有可能落实管理上的要求。

（三）多集体奖，少个人奖

我在 39 健康网工作的时候，每年春节前，公司都会设置一系列的奖项，用于奖励在经营管理、市场营销、产品创新、技术开发等各个方面为公司做出积极贡献的团队或个人。除了销售人员有设置个人奖外，绝大部分的奖项，都是集体奖。公司形成这样的奖项设置局面，最早是源于我和公司总裁的争论。

最初，我在向总裁汇报年度奖项设置时，总裁认为公司颁发的奖励，应该多设置个人奖项，原因主要是：

第一，奖励只有发放到个人身上，才能真正起到激励作用，奖励到团队的话，个人受到的激励就会大打折扣。

第二，对于一个组织而言，在价值创造的过程中，能够起到关键性作用的，其实也就是那几个人而已，并不是全部团队成员的功劳。

第三，公司资源有限，如果奖励个人，对奖励对象的激励力度会更大一些。

我的意见与总裁并不相同，我的理由是：

第一，不管个人创造的价值、功劳有多大，不得不承认，公司目前取得的所有工作成绩，几乎都不是单打独斗的结果，而是团队协作的成果。即使是部分团队成员贡献较少，那也是一种贡献，公司必须要承认大的工作成果下面有团队成员的小贡献。

第二，公司的核心价值观一贯提倡团队协作，如果以个人奖励为主，岂不是与提倡的核心价值观不匹配。而且，以个人奖励为主，还有可能挫伤部分团队成员的工作积极性，降低其在团队协作中的投入，甚至会为获得奖励的个人，有意无意制造障碍。

第三，至于奖励资源的问题，实际上是一个伪命题。因为对个人而言，奖励的资源永远没有上限，公司觉得还可以的奖励，你放到市场上去比较看看，比你奖励力度更大的公司多的是。因此，对团队或个人发放奖励，必须要量力而行，与公司目前发展阶段匹配，而不能为了奖励而奖励。

经过多次沟通，总裁接受了我的意见。最终，公司在年度表彰的时候，就形成了以集体奖项为主、个人奖项为辅的格局。

三、爱工作更爱生活

有时候想想，工作的时候，与同事在一起的时间已经远远超过了家人，即使晚上回到家里，可能大部分的时间都在睡觉中度过，也就是说在你有限的生命中，大部分时间可能都是与同事在一起。既然大部分时间都是和同事在一起，那团队管理或者说团队建设，就不能只有工作。只有工作，会让团队变得单调枯燥、缺少活力、索然无味。因此，我在带团队的过程中，特别强调丰富多彩的团队建设，活动范畴从唱歌、运动，扩展到美食、旅游以及打造自己的节日。虽然，我的年龄在不断变大，但是各种新鲜的事物，我都愿意与团队伙伴们一起尝试。

（一）我们都爱旅游

长期在办公室工作，团队的每位小伙伴都渴望能够走出城市，走进大自然，走入乡间，在蓝天白云、绿树流水之间，让自己来一次彻底的放松，给自己的灵魂放放假。我发现外出旅游，只要是团队伙伴们在一起，不管去哪里，大家都兴奋异常，就连前往目的地的行车过程中，团队伙伴也是叽叽喳喳地聊个不停。有时在车里面一直玩"杀人游戏"，到了目的地都不愿停止，还把游戏中的角色牌带到餐桌上，继续车中的游戏。短短几天的旅游，团队成员之间的沟通量，可以说超过了工作中1个月说话的量，同事之间的关系也迅速拉近。看来外出旅游，确实是一个非常好的团队建设工具。

只要是外出旅游，就一定会涉及费用预算问题。有的公司财务预算充裕，有专门的员工旅游预算，员工不用掏一分钱；有的公司财务不是那么宽裕，只有很少的员工活动预算。如果遇到这样的情况，我也要组织团队成员外出旅游，我会自己承担大部分活动经费，团队成员只分摊很少的费用。一般来说，每年我都会安排团队成员外出旅游1—2次，时间上一般都会安排在春季和夏季，我主要考虑2个因素：

一是气候因素，春夏两季的气候宜人，适宜外出旅游；二是工作因素，上半年是新一年的开始，越早开始团队建设工作，对全年工作目标的达成越有促进作用。此外，下半年涉及年底冲刺，通常工作都比较忙，不太适合安排团队外出旅游。

组织团队外出旅游，主要考虑 2 个方面：

1. 要考虑大多数团队成员的意愿

最好选择一个大部分人都没有去过的地方。所以，我的团队先后组织过阳朔攀岩徒步、三亚游泳潜水、从化皮划艇、葵涌 CS+ 露营、清远漂流等，每次旅游都会给我们留下满满的回忆。在尊重大多数人意见的同时，少部分人势必要服从大部分人的选择。以我自己为例，我去过不少地方，所以不管团队成员如何选择，我基本上都去过，即便如此，我也必须服从团队的选择，所以在某一年中，我连续 3 次去了阳朔旅游。

2. 要对旅游活动精心策划和准备

以我们 2016 年组织的清远旅游活动为例，清远作为广东的后花园，不少人都去过清远旅游，一般来说，清远旅游是一个没有什么创意的选择。为了玩出不一样的感觉来，我们对传统的清远旅游项目进行优化调整，保留了经典的漂流与温泉项目，增加了北江游船全鱼宴、葡萄采摘、实弹射击、四驱越野卡丁车等项目，不断尝试没有做过的活动。从结果来看，整个旅游活动，新意不断、高潮迭起，团队成员对此都非常满意。后来，我们在微信朋友圈中分享此次活动，活动的方案还被其他公司直接照搬。

（二）运动，让我们更健康

因为长期在办公室工作的缘故，我发现，过去属于中老年人专利的疾病，像高血压、高血脂、高尿酸以及脂肪肝等，其发病年龄越来越提前；至于鼠标手、腰椎间盘突出等办公室疾病，更常见于年轻人。有的优秀企业已经将员工的健康，变成企业核心价值观或文化的一部分，建立起了健康指数与奖金挂钩的机制。万科就是如此。从 2011 年万科开始统计员工的 BMI 指数（身体质量指数），就是体重除以身高的平方（国际单位 kg / m²），数值低于 18 太瘦，高于 23 太胖，过瘦过胖都不合格。体重正常了，不代表你很健康，公司会做能力测试，握力、心脏指数、俯卧撑、弹跳、柔韧度，优良率多少，都被记录下来。考核以后当年的数据便是基数，明年再来看看有没有改善，有改善发奖金，没有改善的不罚员工，罚管理层。因为如果管理层不带头，底下员工是不会干的。[①]

对于中小企业而言，还没有那么多精力与资源，像万科一样全面地组织员工运动。但是，至少应定期组织员工参加体育运动，无论是保龄球、羽毛球、乒乓球还是登山，一定要让员工运动起来，慢慢养成热爱运动的习惯。这当中，还可以不断采用创新的方式来鼓励员工，参与体育运动。

---

① 《蓝狮子经理人》.顶级 CEO 这样管企业 [M].杭州：浙江大学出版社，2013.

（三）吃遍天下美食

俗话说："民以食为天。"要说外出旅游什么是大家的最爱，美食一定当仁不让排在第一位。为了满足员工的美食需求，我们团队对美食定下了自己的规矩：

1. 每次美食不重样

中国传统餐饮文化历史悠久，菜肴在烹饪中有许多流派。川、鲁、粤、苏四大菜系形成年代较早，后来，浙、闽、湘、徽等地方菜也逐渐出名，于是形成了中国的"八大菜系"，即鲁菜、川菜、粤菜、苏菜、闽菜、浙菜、湘菜、徽菜。除八大菜系外还有一些在中国较有影响的细分菜系，潮州菜、东北菜、本帮菜、赣菜、鄂菜、京菜、津菜、冀菜、豫菜、客家菜、清真菜等。我们抓住每次宝贵的享用美食的机会，按照前面提到的菜系，选择不同餐馆体验不同的美食。这次吃过了湘菜，下次除了湘菜以外，什么样的菜系都可以选择。

2. 享用美食前要做足功课

不同的餐馆都有自己的拿手菜，特别是对于一些传统美食而言，一些经典的菜式还有历史故事在其中。如粤菜中潮菜的传统名菜"护国菜"，传说南宋末代皇帝赵昺流亡到潮州，在一间破庙中休息，庙里的和尚采摘一些番薯叶煮汤给皇帝充饥，不想皇帝赞不绝口，当下赐名"护国菜"。我会要求大家提前做足功课，其主要原因是：第一，每个人都需要具备待人接物的能力，如何能点出有特色的菜式，是一个专门的学问；第二，每个人不仅会点好吃的菜式，还能讲清楚一些经典菜式的来龙去脉，这样在招待客人的时候，才不至于冷场。

3. 选择性价比最高的美食

因为团队的活动经费有限，我们必须经常关注各种美食优惠活动。一般来说，以下情况常常会有优惠活动：一个新的美食店刚刚开张；商场正式开业；各种信用卡的美食优惠，等等。信用卡美食优惠尤其多，我自己常用的信用卡，其特色产品就是"每周五买一赠一"，一般都选择一些大牌的餐馆，实施五折优惠活动。因此，团队成员最好持有各种不同的信用卡。

RECOMMENDATION

猎聘网华南地区总经理　江莉

认识小马哥十几年了，人力资源管理专家最喜欢研究人，和人打交道，如何吸引人，如何留人，如何考核，如何激励，如何减少企业"空降兵"带来的风险……每次和小马哥的交流都获益匪浅，茅塞顿开。《别告诉我你会带团队》这本书浓缩了团队管理的5个方面，大到团队目标、组织架构，小到如何选人、用人，都是小马哥十几年的管理心得，值得推荐。

世界邦旅行网创始人，鼎晖创投原运营副总裁，
中兴通讯全球人力资源中心原总经理　赵新宇

细读本书，处处体现作者多年管理经验和专业功底的深厚积累，凝结着大量优秀企业管理实践的精华，无论是带团队多年的经验者还是刚刚上手的新同学，都能从不同的角度汲取灵感和力量。

广东移动韶关分公司副总经理　欧勇健

《别告诉我你会带团队》是本好书，能让每位管理者拿起来就爱不释手。它几乎囊括了所有团队管理常见问题的答案，为管理者打开了一扇从初学到精通的便捷之门。

深圳电信人力资源总经理　曾庆怀

看过本书，我的第一感觉就是这本书实操性很强，没有太多的理论分析，一招一式都是多年实践经验的成功总结，对团队管理很有借鉴作用，是一本很值得推荐、值得参考的好书。

中植资本管理有限公司产业投资部副总经理　戴云霏

做好管理，一定离不开好的团队，单打独斗是万万不可的。作者的书中提出建立开放而温和的沟通模式，让团队成员在心理舒适区内，自由地表达自己的建议。同时，管理层做到兼听则明，免于信息不对称造成的决策失误，对每一位管理者启发良多，值得认真研读。

深圳市前海瑞华控股有限公司总经理　李泓锦

与马勇哥相识于阿尔伯塔大学金融财务管理硕士的研究生班，他是我们班追求精益求精的学霸班长。当他打电话让我为他的新书《别告诉我你会带团队》写推荐语时，我的第一反应是"团队管理理论知识书来了"！但是，当我读完全书后，我想这句话应该升级为："勇哥把这么多年在人力资源平台的管理理论研究干货＋最接地气的语言＋实例，与各位职业管理人共进，与各位未来职业管理人共勉！"所以，作为中国新时代的职业管理人，相信这本没有华丽的语言却能步步击中你所遇问题要害的诚心之作，一定是你的首选！

广东东升实业集团副总裁　林泉

马勇在《别告诉我你会带团队》一书中，融会贯通了他广泛的知识，综合了他丰富的企业经营、团队管理、人力资源管理等实践经验，是团队管理书籍中最具有可操作性的作品。

广东通用医药集团有限公司人力资源总监　钟瑞清

企业核心团队的管理文化和管理水准，直接影响到企业的经营高度和可持续性发展。如何组建和优化团队？如何在不同阶段艺术地带好团队？团队如何有效协同运作？如何在团队平衡和不平衡当中寻找管理价值？这是所有管理者需要思考的问题。每一次读马总的书，在团队结构、功能、规范化水平、队伍建设、组织氛围等方面，都有深层次的实战收获，都有不一样的深思！这是一本值得反复研读的管理实战书！

银广厦集团有限公司总经理　李晓颖

一个人缘好的领导未必能带出来一支优秀的团队，领导需要会甄选人，懂得培养人，了解团队及个体的需求，用其所长，避其所短，能够用切实可行的制度去管理规范团队，让执行力贯穿至每一个人后，方可实现最终管理目标。阅读此书后会让每一个领导者达到事半功倍的效果。

招商地产人力资源部总经理助理　邹连永

我认识作者已超过20年，没有想到他在繁忙的工作中，居然能够挤出时间撰写团队管理的书，特别是书中内容完全是作者职业成长的经验总结，有着不可胜数的管理建议与方法，可以拿来就用，绝非复制粘贴、编著之作，值得一读！

伟光联国际物流集团副总经理　韦小美

作者是一位受过专业系统管理教育、拥有丰富创业经验的管理者，他把自己近20年的管理经验在书中娓娓道来，发人深省，让人共鸣，相信对有志于提升自身管理水平的读者大有裨益！

光大永明保险北京分公司总经理　张萌

管理是一个系统工程，作者通过信手拈来的例子，将团队管理的理念和方法娓娓道来，对准备带团队和正在带团队的你定有所助益。该书接地气，有深意，强烈推荐！

神华工程技术有限公司人力资源经理　黄于益

作者根据自己多年带团队的思索和领悟，用浅显易懂的语言，轻松幽默的表述，系统梳理了团队管理的全部要义，值得认真一读。

海口国家高新区孵化器运营管理有限公司董事长　李进

怎么带团队？怎么带好团队？怎么让团队凝聚力发挥最大的战斗力？此书会告诉你所有的答案。

HR 研究网创始人　曾祥兵

马勇是一名资深的人力资源管理专家，他对战略、运营、专业有深刻理解，在团队管理方面具有丰富的经验，并在不同的职业经理生涯中，打造出了各具特色的具有超强战斗力的团队。与马老师相识 10 年，对他的博识、专业能力和他对管理实践的探索及总结能力，我非常敬佩。